NEBULOSAS

NARCISA AMÁLIA

Nebulosas

Direção editorial: Luiz Vasconcelos
Produção editorial: Equipe Novo Século
Preparação: Ana C. Moura
Revisão: Ellen Andrade
Diagramação: Equipe Novo Século
Capa: Ale Santos

Texto de acordo com as normas do Novo Acordo Ortográfico da Língua Portuguesa (1990), em vigor desde 1º de janeiro de 2009.

Dados Internacionais de Catalogação na Publicação (CIP)

Amália, Narcisa

Nebulosas / Narcisa Amália. -- Barueri, SP : Novo Século Editora, 2025.
192 p. : il.

ISBN 978-85-428-1837-6

1. Poesia brasileira I. Título

25-3553 CDD B869.1

Índices para catálogo sistemático:
1. Filosofia alemã

uma marca do Grupo Novo Século

Alameda Araguaia, 2190 – Bloco A – 11° andar – Conjunto 1111
cep 06455-000 – Alphaville Industrial, Barueri – sp – Brasil
Tel.: (11) 3699-7107 | Fax: (11) 3699-7323
www.gruponovoseculo.com.br | atendimento@gruponovoseculo.com.br

NEBULOSAS

NARCISA AMÁLIA

ns
São Paulo, 2025

Sumário

Prefácio da primeira edição

I

Juro dicturi estis.
T. L.
Ditareis a lei.

É uma lição digna de imitar, embora perdida no vasto recinto da ignorância, a publicação de um livro.

Um dos nossos folhetinistas já liquidou a causa do marasmo literário, qualificando de indiferença esse torpor que envelhece uma nova sociedade. – *Artes e Letras, reforma de 1870..*

Denuncia essa peste o nosso primeiro escritor, J. de Alencar.

Somos de ontem, ainda não temos a nossa história antiga, e vivemos sob o império do desânimo.

Quando em uma nação, as artes, as letras, as ciências cumprem o inglório destino da planta que nasce, vive e morre dos abismos de um subterrâneo, ou do mendigo na festa do opulento, e representam o papel humilde de uma nave arruinada, de um campanário sumido nas heras, entre os suntuosos palácios da cidade vaidosa, essa nação tem chegado ao seu último grau de decadência. Nessa hora triunfam os analfabetos, os mercadores de escândalos, os demolidores de tudo quanto é nobre e principalmente do que constitui o orgulho de um país – a sua glória literária.

Profundando o coração do povo, Addisson, Balzac, La Bruyère, La Rochefoucauld e outros quiseram explicar a ingratidão do público, esse equívoco soberano de todas as idades, o qual, nem Buffon, nem os modernos naturalistas e escritores políticos classificaram e definiram.

O público de hoje, como o de todos os tempos, sevandija a virtude e ajoelha ao vício; proscreve o crime e deifica a probidade.

O público! é uma torre de ventos.

– Vemos os bons descabidos
E os maus mui levantados,
Virtuosos desvalidos,
Os sem virtudes cabidos

Por meios falsificados.
– Vemos honrar lisonjeiros
E folgar com murmurar,
E caber mexeriqueiros,
Os mentirosos medrar
Desmedrar os verdadeiros.

Garcia de Resende.

Assim foi, começou com o mundo, não o podemos reformar.

II

O desenvolvimento intelectual da humanidade, os períodos de harmonia entre as raças e as descobertas do espírito humano, todos esses autênticos monumentos das vítimas pacíficas do talento, falam e atestam a influência da literatura sobre a forma poética e política. Quer se investigue a fenomenologia da consciência, quer os atos da inteligência, quer as formas abstratas e subjetivas do pensamento nas suas periódicas revoluções do mundo ontológico, acharemos a poesia exercendo a sua legítima influência.

Percorrendo-se a idade de oposição, de variedade; analisando-se as épocas da formação dos caracteres escritos, da linguagem e a nova união de coisas, da moral social, da felicidade doméstica, da harmonia com as ciências, com as artes, com a religião, nós reconhecemos que a poesia tem uma ação eficaz, refletida, que preside a todo o constitutivo orgânico das épocas e do povo, noção essa que nos está ensinando a filosofia da história e o Direito Natural.

Confessemos: um livro de versos é uma lição. Ariosto, Dante, Tasso, Cervantes, Lope de Vega, Martinez, Racine, Béranger e Hugo, Optitz, Wesland, Goethe, Pope, Dryden, Shakespeare, Byron, Camões, Ferreira, Bocage, Basílio da Gama, Gregório de Mattos, Magalhães, formam o concílio ecumênico da poesia, donde vieram até nós, não os dogmas, não as contradições e os ultrajes à razão, mas os aforismos que constituem o código da humanidade.

O livro de versos tem sido lição aos reis; a palavra de ordem dos povos civilizados, órbita ao redor da qual o mundo gira.

A poesia pode dizer:

– Eu ilumino a história!

– O que ela oculta, eu denuncio!

– Eu levanto do túmulo os heróis; vingo os mártires; puno os traidores.

– Eu sou a glória – *o sol dos mortos!*

Que o diga a eternidade, e que conteste
O tempo, a terra, a humanidade inteira.

A minha rival, a arte, poderia dizer:

– Sou uma cidadã dos séculos futuros!

– Eu a antecedi; eu a hei de exceder.

– Fui o gênio do todos os cultos, de todas as seitas.

– Servi ao ódio, à inveja; servi mais à caridade, ao entusiasmo, ao direito, à verdade, à justiça.

A China.

"O murado redil, a terra impérvia,
Retraída dos povos pelo orgulho
Do bonzo mercenário, avesso à cruz,"

foi o meu feudo.

– "Ásia! Que encerras da natura os dotes
E do mundo moral a – 'prisca origem,
Desde a plaga da luz, mãe da palmeira.
Té a noite polar, que alenta o pinho,
Soe o teu nome para glória eterna' –
Era teu seio vivi, deixei-te opressa.
Punida no castigo de teus sonhos."

III

Presentemente a poesia que ideia social aduz ou combate?

Que lei moral ataca ou defende?

Vivemos, como outros povos, de uma poesia emérita?

Há ganhadores, assalariados, mercenários venais como esses que se alugam a política, imbecis que fingem ignorar que sempre se depende da mão que paga?

Não sabem que o seu apostolado é um charlatanismo criminoso, um roubo organizado que exercem contra a dignidade dos escritores honestos, dos literatos, dos homens de letras, únicos sacrificados neste país?

Pregando a vilania dos sentimentos, negam aos outros o que não possuem, embora se lhes grite:

– O que se aluga VENDE-SE!

IV

Creio nos esforços da literatura contemporânea.

Cada povo tem faculdades primitivas e necessidades particulares. As ideias arraigadas nos hábitos desse povo não cedem seu império, senão depois de combates porfiados e lutas sanguinolentas. É por isso que, ante as conveniências da política e as necessidades da indústria, a poesia não se justifica.

Eu sei que a rotina, economicamente falando, tem sua justificação; portanto anistiemos desta batalha a Indústria e digamos por que é oposta à política.

Tem seu fundamento histórico sem ter o racional, a demonstração.

A política tem sido e continuará a ser, em muitos casos, e em muitos países, a arte e a ciência dos nulos e perversos.

Luiz XI, apesar dos seus oficiosos biógrafos, é um cínico; Voltaire, Montaigne e Montesquieu, por orgulho político, quiseram explicar os dogmas e os segredos das instituições. Tudo confundiram. Talleyrand foi mais celebre pela hipocrisia que pelo seu gênio. Ele, outros, e muitos, e nesse número alguns dos nossos pretensos estadistas que fazem praça de muito sagazes, são desdenhados. Voltaire político é um intrigante inepto; mas o poeta da solidão de Fernay era um castigo dos déspotas.

Rousseau é admirado unicamente naquelas obras em que o filósofo ou o político é vencido pelo poeta.

Entremos ou penetremos a nossa lareira.

Atados à galé da política, vemos Pedro Luiz e Bittencourt Sampaio, náufragos, mar afora, ludibriados pelas mesmas ondas que dali os arrancaram.

Como a imagem da *Esperança* nas lendas pagãs, José de Alencar tem um braço no céu e outro na terra.

Teimam e insistem, lutam e sustentam um dia artificial em plena escuridão, Joaquim Serra, Celso Magalhães, Salvador, Menezes, C. Ferreira e F. Távora.

Agora vem Narcisa Amália.

Contra estes vejo uns fabricantes de autômatos, arreados de lodo, cheios de ignorância, que nos detestam e nos perseguem.

Sim; eu creio nos esforços da literatura, nos resultados eficazes da poesia.

O lirismo que tem sido a feição predominante da infância de todos os povos não batizou o nosso berço de nação livre, mas nos acompanhou nos jubilosos dias da conquista da nossa autonomia nacional.

A poesia lírica brasileira teve entre nós bons e poucos representantes. Ocupou o primeiro lugar Gonçalves Dias, o poeta cosmopolita; é seu continuador, com muita inferioridade, Teixeira e Souza, a quem devemos muito como romancista; pouco como poeta lírico.

Já levantou uma estátua a Gonçalves Dias sua província natal; deve, a do Rio Grande, ao cantor do *Colombo*, e a do Rio de Janeiro, ao cantor dos *Tamoios*.

Se ainda este povo for suscetível de raciocínio, tenho fé de que o José Basílio merecerá qualquer memória de pedra ou um poema de bronze.

O assunto do poeta no Poema *Uruguai* é a guerra que a Espanha e Portugal tiveram de sustentar contra os índios de Missões porque, por um tratado celebrado em 16 de janeiro de 1750 entre as duas nações, ficavam pertencendo a Portugal as terras que os jesuítas possuíam na parte oriental do Uruguai. Estes incitam os índios a resistir. Espanha e Portugal mandam suas tropas combatê-los; Gomes Freire de Andrade comanda o exército português.

Outros trabalhos de José Basílio, que ainda valem hoje prêmios que ele não teve, o recomendam à gratidão nacional, porque ele nos traçou a figura do jesuíta daquela e desta época, e feriu o despotismo até onde sua imaginação lhe ofereceu armas.

Teixeira e Souza, já por mim quase esquecido neste momento; todo esquecido da pátria que o deixou por muito tempo mendigar, ensaiou a épica no seu poema *A Independência do Brasil*. Magalhães é o épico dramático, o formador ou criador da nossa literatura.

Não venham, amanhã, os alcaides das letras perguntar-me se Joaquim Manuel de Macedo, Alencar e outros não são literatos, não fazem literatura. Há tanta ignorância, que nem por estar pesado e medido pelo dr.

Moreira de Azevedo o nosso período literário, tenho visto inverter-se o que os meninos já decoraram nas aulas.

Magalhães criou a literatura; Porto Alegre a desenvolveu, Macedo a propagou, Alencar corrigiu-os fazendo a crítica e formando a mais completa literatura, dando os últimos toques nas grandes telas daqueles mestres e apagando os borrões.

Falava dos poetas líricos.

Mais enérgico nas imagens e muitas vezes de mais elevação, foi Casimiro de Abreu.

Álvares de Azevedo foi o cantor da morte, foi um gênio.

Bernardo Guimarães, bucólico, elegíaco, lírico, decidiu-se por uma forma, uma escola mais preferida entre todos os literatos.

A poesia épica tem tido poucos representantes. Conheço alguns ensaios, e boa promessa considero o *Riachuelo* de S. Pereira, outro de Zeferino, e alguns fragmentos, os quais não são a Epopeia da Guerra.

A poesia dramática tem poucos cultivadores. O criador do teatro moderno queimou as *Asas de um anjo*; Pinheiro Guimarães discute sobre eleições, e preleciona na cadeira de medicina; Varejão não é mais o Aquiles; Machado de Assis casou-se; França Junior é um cofre; Joaquim Serra não foi mais a Roma; Sizenando Nabuco está envolto na sua túnica; Joaquim Pires não faz mais Demônios; Menezes adormeceu à sombra da mancenilha; Salvador espera outro *Bobo*, e José Tito faz *Charadas Políticas*.

– Como as vozes do mar num canto d'Ossian

Poucas vezes os ouço – passam longe.

Não precisamos de imaginações sonhadoras e místicas como os poetas do Oriente para enriquecer o teatro; há assuntos na nossa história para os dramas marítimos, militares, políticos.

Por que é que a Idade Média tem um caráter de originalidade, cuja lembrança exalta ainda hoje, depois de tantos séculos, a imaginação dos romancistas e dos poetas? É porque os trovadores vulgarizaram a história dos amores, das vitórias políticas, dos combates guerreiros, os sentimentos de patriotismo.

Eu ainda ignoro para que fim destina o sr. ministro o seu conservatório.

....

Erige-te!

Narcisa Amália será a impulsora e o ornamento de uma época literária mais auspiciosa que a presente. Há de redigir os aforismos poéticos, como Aristóteles escreveu os da natureza.

Na história da nossa literatura, seu entusiasmo moral, que é um culto do seu talento, terá uma consagração nos anais do futuro desta legião de inteligências que está celebrando as glórias do presente.

Não a conheço, mas eu imagino que em seu rosto a tristeza ocupa o lugar da alegria.

"A funda melancolia
Não a seguiu desde a infância,
Deus não fê-la triste assim…
Houve na sorte inconstância,
E se perdeu a alegria,
É de homens obra ruim."

A extremosa pureza dos seus pensamentos, o pudor da sua imaginação, bem inculcam que os seus pais lhe anteciparam um tesouro no abençoado curso da sua educação, no santo respeito da família e amor da pátria.

Eu penso que o eco das suas palavras é um concerto de pesares. Ela aborrece a canalha subalterna das letras, porque há uma canalha ilustre que é mais fidalga que a nobreza de decreto; esta, ela estima e aplaude.

Narcisa Amália não é um tipo; é uma heroína.

Sênio acaba de pedir que não elogiem seus livros de prosa.

Eu peço que julguem o livro de N. Amália, livro que ilumina a grande noite da poesia brasileira.

Quando houver um Conselho de Estado ou um Senado Literário, Narcisa Amália terá as honras de Princesa das Letras.

Este livro há de produzir tristezas e alegrias. *É a primeira brasileira dos nossos dias; a mais ilustrada que nós conhecemos; é a primeira poetisa desta nação.*

Delfina da Cunha, Floresta Brasileira, Ermelinda da Cunha Mattos, Maria de Carvalho, Beatriz Brandão, Maria Silvana, Violante, são bonitos talentos. Narcisa Amália é um talento feio, horrível, cruel, porque mata àqueles. Foram as suas antecessoras auroras efêmeras; ela é um astro com órbita determinada.

Eu não critico, nem analiso o livro, porque vejo, todos os dias, passar o lirismo, o amor, a fantasia, a heroicidade, a glória literária e artística, como os vultos fatais nas tragédias antigas; vejo sempre em prolongado silêncio, abafados, como aqueles comprimidos gemidos do Tiradentes, quando tomou posse do seu pedestal.

V

Posteris tradant.

Cantaste a Família, a Pátria e a Humanidade.

A família – pilar da pátria, a pátria –, cruz dos tolos, a humanidade – loucura de Deus.

A escolha de um assunto, a do ponto de vista, em que tanto se distinguem Bossuet e Mont'Alverne, na eloquência sagrada; a escolha do momento e da extensão, que no romancista é mais desenvolvida que no historiador, vós a conheceis e praticais como nos prescrevem as regras.

A escolha das circunstâncias e dos contrastes, da topografia e seus acidentes – vejo fundidas como relevo de um escudo na descrição do Itatiaia –, onde vos admiro igual a Virgílio, quando ele descreve o repouso nomeio da noite para fazer contraste com a agitação da rainha de Cartago.

Um acadêmico de S. Paulo – João Cardozo de Menezes, hoje condestável da política – já esteve muito perto da vossa imaginação quando descreveu a serra de Paranapiacaba.

ITATIAIA

Ante o gigante brasílio,
Ante a sublime grandeza
Da tropical natureza,
Das erguidas cordilheiras,
Ai, quanto me sinto tímida!
Quanto me abala o desejo
De descrever num harpejo
Essas cristas sobranceiras!

Vejo aquém os vales pávidos
Que se desdobram relvosos;
Profundos, vertiginosos.
Cavam-se abismos medonhos!
Quanto precipício indômito,
Quanto mistério assombroso,
Nesse seio pedregoso.
Nessa origem de mil sonhos!

....

Ondulam ao longe múrmuras
Aos pés de esguios palmares,
As florestas seculares
Cingidas pela espessura;
A liana forma dédalos
Na grimpa das caneleiras,
Do cedro as vastas cimeiras
Formam dóceis de verdura.

As diferentes espécies de descrição poética enchem seu livro em vários empregos.

A topografia, em que Buffon foi um dos mais completos prosadores, tem em Narcisa Amália a melhor intérprete, na poesia.

A hipotipose impera nesta estrofe:

Salve! Montanha granítica!
Salve! Brasílio Himalaia!
Salve! Ingente Itatiaia,
Que escalas a imensidade!
Distingo-te a fronte válida,
Vejo-te às plantas, rendido,
O meteoro incendido,
A soberba tempestade!...

Nestes e em todos os seus versos, as figuras de palavras andam a granel, em contínuo atropelo com as do pensamento.

A acumulação, figura que desenvolve e torna mais clara e mais sensível a ideia principal; as hipérboles, que levam, às vezes, o espírito a extravagâncias, de que se ressentem Milton, Klopstock, Ossian – o rei da apóstrofe – e muitos dos nossos poetas, ocupam, em tempo apropriado, seu lugar.

Exemplos de antíteses e epifonemas vai a sutil inteligência do leitor colhendo à medida que termina um hino, ou idílio.

Ela decora os seus pensamentos, como um carola enfeita um altar do santo de sua devoção.

As figuras de ornamento, as aposiopeses, as gradações, as alusões e as figuras de movimento e paixão se apostam e se disputam, em rivais competências, para exigir da crítica a confissão de que elas oferecem batalha.

Nessa poesia há uma admirável exuberância de tropos, e a optação – raríssima figura em nossos livros de maior nome – tem ali sua majestade.

Os pleonasmos e as silepses andam em todo o livro tão obedientes, como o porta-ordens de um Estado-maior.

Este volume de poesias é um Templo: quem o penetrar há de ver dentro *um altar construído de lágrimas!*

A poesia *Vinte e cinco de março* é um anátema, é uma ameaça. Não conheço muitas que estejam naquela altura.

Resende é a monografia daquele sempre lutuoso edifício que se levanta no exílio – a saudade.

Releve-me a distinta literata não ir cotejando aqui uma por uma as suas poesias.

Eu as comparo aos hinos da alvorada; um tem a afinação dos outros, o mesmo encanto, a mesma sedução; nos inebriam e nos elevam a querer compreender o sublime, tudo quanto ao céu se ergue.

Começou a poesia lírica com o homem.

É tão velha como a humanidade; entretanto é sempre nova!

Primeiro cantou Deus; depois o herói, os reis, os santos.

Os hinos, as odes sacras, os cânticos, os salmos, o *Magnificat* da Santa Virgem, esse grito do crente no meio do terror, o *Cantemus Domino*, o Benedictus do Profeta, o cântico dos anjos, o Te Deum, essa inspiração de santo Ambrósio, são os brasões da poesia lírica, e nenhuma outra goza dessas prerrogativas.

Os *Dois Troféus*, que é um poema, tomou a forma de uma ode heroica, gênero mais difícil na composição lírica.

Se há um governo capaz de compreender as alusões e ironias da poetisa; se há, então as passadas injustiças serão vingadas, aquele patrimônio de brios conculcados será resgatado.

Como exemplo de ode heroica eu só conheço capaz de se aproximar a essa de Narcisa Amália, não na elevação de pensamentos, mas na rigorosa obediência ao gênero, aquela ode de Lebrun, cantando a ruína de Lisboa, destruída pelo terremoto de 1755.

Quando neste país a República Política galardoar os beneméritos da República Literária, Narcisa Amália exercerá sua ditadura.

Tem ela cantado o amor da virtude, da glória e da pátria.

Não é descrente por moda, como foram os imitadores de Musset; não é cética como os de Goethe, é republicana como Schiller, como Félix da Cunha, e Landulpho; é intransigível como a fatalidade.

Gonçalves Crespo e Campos Carvalho, acadêmicos brasileiros em Coimbra, ao receberem este livro, hão de se possuir de entusiasmo.

> Coimbra!... a mágica cidade
> Dos infortúnios de Inês,

Podia ser o trono do talento de Narcisa Amália, porque ela compreende por que angústias passou aquela mártir e pode fazer os comentários da desgraça do príncipe e da rainha depois de morta.

Deve a autora das *Nebulosas* escrever um *Poema Didático*, e, se vierem açoitá-la os ventos da inveja e os mil desdéns da ignorância atrevida, deve escrever um *Poema Épico*. É a tendência da sua índole literária.

Estreou-se emancipada da poesia piegas, do verso capadócio, da literatura artesã, que aí vivem estucando e destilando biliosas sujidades e obscenas audácias.

Há de vir a época em que o sentimento de patriotismo reivindicará os nomes desses talentos extraordinários.

Seu estilo vigoroso, fluente, acadêmico; a riqueza das rimas, tão eufônicas, tão reclamadas e necessárias ao verso lírico, suas convicções falando à alma e à imaginação, justificam sua já precoce celebridade, confirmam sua surpreendente e rápida aparição, precedida do respeitoso coro da crítica sincera e grave.

Há uma nota dominante em seu espírito que põe em aflitivo conchego a dor sem consolo no lar da tristeza. Quando sua grande alma quer-se divorciar do seu grande coração – ambos se petrificam.

Não sabe fingir, nem falsificar.

Em seus versos se conhece que ela é indiferente aos nossos capitães, às nossas fortunas e riquezas, e lhe causa tédio tudo quanto a rodeia.

A fé – que *aplanou os abismos*; a crença que aplanou as montanhas – vive em seu espírito. Fé nas conquistas do talento; crença em seus esforços para encaminhar sua timidez até a hora de a transformar num poder.

Tem seu livro imagens novas, figuras pomposas que pedem nova retórica e que se invente nova Poética.

Do estudo rápido que fiz notei que não quis aprender a dourar a trivialidade com grandes palavras e banalidades grandes, o que tem valido a muita gente uma falsa reputação de sábia.

Em sua prosa poética, em alguns artigos que li no *Echo Americano*, na revista *Artes e letras*, de Lisboa, mostra-se que sua inteligência não está a serviço da frivolidade.

Se ela governasse, nem os papas, nem os reis teriam horas certas para o descanso.

Há em todas as suas composições poéticas um ponto de fixidez imaginativa que anda ao par da vivacidade de emoções, e a expressão do sentimento é sempre forte e concisa.

A sua individualidade literária acusa um caráter leal e capaz de todos os sacrifícios pelas grandes causas.

Sabe ajustar o estilo ao assunto; é elegante nas descrições mais breves; tem graça e doçura sua linguagem quando descreve a vaidade das outras mulheres. *O Baile* é um modelo de sátira, de sarcasmo, de ironia discreta.

Os literatos brasileiros dirão o que eu não sei narrar, nem conhecer para expor.

VI

Teófilo Braga, Luciano Cordeiro, Cesar Machado, Adolfo Coelho, Bulhão Pato, Gomes Leal, E. Coelho, Silva Túlio, A. de Castilho., Silva Pinto e Teixeira de Vasconcelos, meus amigos, hão de deferir o seguinte requerimento:

"Peço um lugar de honra no auditório das vossas glórias literárias para a autora das *Nebulosas*."

Por uma vicissitude já vivemos como o povo hebreu; encerrado, nos limites da obediência, confiscado, regendo-nos com as leis do vizinho senhor. Remimo-nos do cativeiro. Queremos, hoje, celebrar as festas da inteligência em todos os altares onde a glória arquiteta-os. A isso se propõe este livro – não envereda pela abóbada oca dos clássicos.

Pessanha Póvoa.

PRIMEIRA PARTE

Nebulosas

On donne le nom de Nébuleuses à des taches blanchâtres que l'on voit ça et là, dans toutes les parties du ciel.

Delaunay.

No seio majestoso do infinito,
Alvos cisnes do mar da imensidade,
Flutuam tênues sombras fugitivas
Que a multidão supõe densas caligens
E a ciência reduz a grupos válidos;
Vejo-as surgir à noite, entre os planetas,
Como visões gentis a flux dos sonhos,
E as esferas que se curvam trementes
Sobre elas desfolhando ores d'ouro,
Roubam-me instantes ao sofrer recôndito!
Costumei-me a sondar-lhe os mistérios
Desde que um dia a flâmula da ideia
Livre, ao sopro do gênio, abriu-me o templo
Em que fulgura a inspiração em ondas,
A seguir-lhes no espaço as longas clâmides
Orladas de incendidos meteoros;
E quando da procela o tredo arcanjo
Desdobra n'amplidão as negras asas,
Meu ser pelo teísmo desvairado

Da loucura debruça-se no pélago!

Sim! São elas a mais gentil feitura
Que das mãos do Senhor há resvalado!
Sim! De seus seios na dourada urna,
A piedosa lágrima dos anjos,
Ligeira se converte em astro esplêndido!
No momento em que o mártir do calvário
A cabeça pendeu no infame lenho,
A voz do Criador, em santo arrojo,
No macio frouxel de seus fulgores
Ao céu arrebatou-lhe o calmo espírito!
Mesmo o sol que nas orlas do oriente
Livre campeia e sobre nós desata
A chuva de mil raios luminosos,
Nos lírios siderais de seu regaço
Repousa a fronte e despe a rubra túnica!
No constante volver dos vagos eixos,
Os orbes em parábolas se encurvam
Bebendo alento no seu manso brilho!
E o tapiz movediço do universo
Mais belo ondeia com seus prantos fúlgidos!
E quantos infelizes não olvidam
O horóscopo fatal de horrenda sorte,

Se no correr das auras vespertinas
Seus seres vão pousar-lhe sobre a coma,
Que as madeixas enastram do crepúsculo!
Quanta rosa de amor não abre o cálix
Ao bafejo inefável das quimeras
No coração tremente da donzela,
Que, da lua ao clarão dourando as cismas,
Lhes segue os rastros na cerúlea abóbada?!...
Um dia no meu peito o desalento
Cravou sangrenta garra; trevas densas
Nublaram-me o horizonte, onde brilhava
A matutina estrela do futuro.
Da descrença senti os frios ósculos,
Mas no horror do abandono, alçando os olhos,
Com tímida oração ao céu piedoso,
Eu vi que elas, do chão ao firmamento,
Brotavam em lucíferos corimbos
Enlaçando-me o busto em raios mórbidos!
Oh! Amei-as então! Sobre a corrente
De seus brandos, notívagos lampejos,
Audaz librei-me nas azuis esferas,
Inclinei-me, de flamas circundada
Sobre o abismo do mundo torvo e lúgubre!
Ergui-me ainda mais: da poesia
Desvendei as lagunas encantadas

E prelibei delícias indizíveis
Do sentimento nas caudais sagradas
Ao clarão divinal do sol da glória!
Quando desci mais tarde, deslumbrada
De tanta luz e inspiração, ao vale
Que pelo espaço abandonei sorrindo,
E senti calcinar-me as débeis plantas
Do deserto as areias ardentíssimas,
Ao fugir das sendais que estende a noite
Sobre o leito da terra adormecida,
Fitei chorando a aurora que surgia!
E – ave de amor – a solidão dos ermos
Povoei de gorjeios melancólicos!...
Assim nasceram os meus tristes versos,
Que do mundo falaz fogem às pompas!
Não dormem eles sob os áureos tetos
Das térreas potestades, que falecem
De morbidez nos ácidos triclínios!
Cortando as brumas glaciais do inverno,
Adejam nas estâncias consteladas
Onde elas pairam; e à luz da liberdade
Devassando os mistérios do infinito,
Vão no sólio de Deus rolar exânimes!...

SEGUNDA PARTE

Voto

À minha mãe.

Ide ao menos de amor meus pobres cantos
No dia festival em que ela chora,
com ela suspirar nos doces prantos.

Álvares de Azevedo.

A viração que brinca docemente
No leque das palmeiras,
Traga à tu'alma inspirações sagradas,
Delícias feiticeiras.
A flor gentil que se expande contente
Na gleba matizada,
Inveja-te a tranquila e leda vida,
Dos filhos sempre amada.
Só teus olhos roreje délio pranto
De mística ternura;
Como silfos de luz cerquem-te gozos,
Enlace-te a ventura!
Os filhos todos submissos junquem
De rosas tua estrada;

E curvem-se os espinhos sob os passos

Da Mãe idolatrada!

Tais são as orações que aos céus envia

A tua pobre filha;

E Deus acolhe o incenso, embora emane

De branca maravilha!

Saudades

Meus funerários gemidos,
Vão legando à imensidade
Um vasto arcano – a tristeza,
Um canto eterno – a saudade!

Carlos Ferreira.

Tenho saudade dos formosos lares
Onde passei minha feliz infância,
Dos vales de dulcíssima fragrância,
Da fresca sombra dos gentis palmares.

Minha plaga querida! Inda me lembro
Quando através das névoas do ocidente
O sol nos acenava adeus languente
Nas balsâmicas tardes de setembro.

Lançava-me correndo na avenida
Que a laranjeira enchia de perfumes!
Como escutava trêmula os queixumes
Das auras na lagoa adormecida!
Eu era de meu pai, pobre poeta,

O astro que o porvir lhe iluminava,
De minha mãe, que louca me adorava,
Era na vida a rosa predileta!...

Mas ... tudo se acabou. A trilha olente
Não mais percorrerei desses caminhos...
Não mais verei os míseros anjinhos
Que aqueciam na minha a mão algente!

Correi, ó minhas lágrimas sentidas,
Do passado no rórido sudário,
Bem longe está o cimo do Calvário
E já as plantas sinto tão feridas!...
Ai! que seria do mortal aflito

Que tomba exangue à provação cruenta,
Se no marco da estrada poeirenta
Não divisasse os gozos do infinito?!...

Abrem-me n'alma as dores da saudade
Um sulco de profundas agonias...
Morreram-me p'ra sempre as alegrias...
Só me resta um consolo... a eternidade!

Linda

Her beauty raineth own amelets of fire,
Animate with a noble, gracious spirit,
Which is creator of each virtous though!

Mary Rosetti.

Vem, tímida criança,
Rosada, loura e mansa
Qual chama matutina
De tíbio resplendor;
Vem, quero a tez rubente
Da face transparente,
E a boca peregrina,
Beijar-te com fervor!
Teus mádidos cabelos,
Undosos, finos, belos,
Em áurea e doce teia
Enlaçam-me o olhar;
Da primavera os lumes
Em lúcidos cardumes,
No anel que solto ondeia

Vão ternos cintilar!

Teu colo alvinitente

S'encurva levemente,

Qual pende na ribeira

O lótus do cetim;

Se a lua além s'inflama

De vaga e breve flama,

Resvalas mais ligeira

Na relva do jardim!

Escuta: à beira d'água

A flor vinga entre a frágua,

E a tela delicada

Se tinge à luz do sol;

O mágico perfume

Que o cálice resume,

A pétala nacarada,

Inveja-lhe o arrebol.

Mas vem de treda enchente

A férvida torrente

Em turbilhão raivoso,

Ao longe a rouquejar,

E a rubra flor da margem –

Pendida na voragem,

No pego tenebroso

Fanada vai rolar!

Ai! zela a rosa pura
De tua formosura
Que o lábio mercenário
Do mundo, não manchou
Sê como a sensitiva
Que se retrai esquiva
Se o vento louco e vário
As folhas lhe osculou.

Porém, essa beleza
Que te deu a natureza,
Desmaiará um dia
Aos gelos hibernais;
E a uma vez perdida
Nos vendavais da vida,
A flux da fantasia
Não surgirá jamais!

Ó! Zela mais ainda
A flor celeste é linda
Da tua alma de virgem
Teu primitivo amor!
Da divinal bondade
A meiga potestade,
Se acolhe da vertigem

Nas mãos do Criador!

Atende! A mão mimosa

Dirige pressurosa

Ao pobre, agonizante,

À sombra do hospital!

Ao mesto encarcerado

Do olhar do sol privado,

Abranda um só instante,

O agror da lei fatal!...

Prossegue, etérea lira,

Nas cordas de safira

As harmonias cérulas

Dos risos infantis!

E ao desgraçado em prantos

Dá mil colares santos,

Não de mundanas pérolas

De lágrimas gentis!...

Aflita

A J.

Per lui solo affido sull ali dei venti
Il suon lusinghiero dei garruli accenti!
Deh riedi, deh riedi!... mi stringe al tuo cor
E gtorni beati – vivremo d'amor!

Il Guarany.

Desde a hora fatal em que partiste,
Turbou-se para mim o azul do céu!
Velei-me na mantilha da tristeza,
Como Safo na espuma do escarcéu!
Até então o arcanjo da procela
Não enlutara o lago das quimeras,
Onde minh'alma, garça langorosa,
Brincava à luz de etéreas primaveras.
Mas um dia atraindo ao vasto peito
Minha pálida fronte de criança,
Murmuraste tremendo: "Parto em breve,
Mas não te aflijas, voltarei, descansa!"
Ai! Que epopeia túrgida de lágrimas
Na comoção daquela despedida!
Eu soluçava envolta em véu de prantos:

"Quando voltares, já serei sem vida!"

Desde então, comprimindo atrás angústias,
Vou te esperar à beira do caminho:
Voltam cantando ao sol as andorinhas,
Só tu não volves ao deserto ninho!...

Quando a tribo inquieta das falenas
Liba filtros nas clícias da campina,
Busco da redenção o augusto símbolo,
E faleço de amor como Corina!

Pois bem! Se enfim voltares desse exílio,
Ave errante, fugindo à quadra hiberna,
Vem à sombra do val: sob os ciprestes
Comigo fruirás ventura eterna!

Aspiração

A uma menina.

Folga e ri no começo da existência,
Borboleta gentil!

Gonçalves Dias.

Os lampejos azuis de teus olhos
Fazem n'alma brotar a esperança;
Dão venturas, ó meiga criança,
Flor celeste no mundo entre abrolhos!

Ora pendes a fronte na cisma,
Fatigada dos jogos, contente,
E mil sonhos, formosa inocente,
Fantasias às cores do prisma;

Ora voas ligeira entre clícias,
Sacudindo fulgores, anjinho,
E o favônio te envia um carinho,
E as estrelas te ofertam blandícias!…

Mas se pende dos fúlgidos cílios
Alva pérola que a face te rora,
De teus lábios, na fala sonora,
Chovem, rolam sublimes idílios!

De tua boca na rubra granada
Caem santos mil beijos felizes!
Tuas asas de lindos matizes,
Ah! Não rasgues do vício na estrada!

Confidência

A Joanna de Azevedo.

De mais a mais se apertam nossos laços,
A ausência... oh! que me importa, estás presente
Em toda a parte onde dirijo os passos.

Fagundes Varela.

Pensas tu, feiticeira, que te esqueço;
Que olvido nossa infância tão florida;
Que a tuas meigas frases nego apreço...

Esquecer-me de ti, minha querida!?...
Posso acaso esquecer a luz divina
Que rebrilha nas trevas desta vida?

Era esquecer a lúcida neblina
Que nas gélidas orlas de seu manto,
Extingue a febre que meu ser calcina.

Esquecer o orvalho puro e santo,
Que à campânula curva a calma ardente,
Dá mais viço e fulgor, dá mais encanto.

Esquecer o cristal liso ou tremente
Que me retrata a fronte pensativa!
Esquecer-me de ti, anjo temente!…

Ouço-te a voz na langue patativa
Que em trinos desfalece ao vir do inverno:
Contemplo-te na mimosa sensitiva.

Sem ti não tem o sol um raio terno;
Contigo o mundo tredo – é paraíso,
E a taça do viver tem mel eterno!

Oh! Envia-me ao menos um sorriso!
Dá-me um sonho dos teus dourado e belo,
Que bem negro porvir além diviso!
Que a existência, sem ti, é um pesadelo!…

Desengano

Antes d'espirar el dia
Vi morir à mi esperanza.

Zarate.

Quando resvala a tarde na alfombra do poente
E o manto do crepúsculo se estende molemente;
Na hora dos mistérios, dos gozos divinais,
Despedaçam-me o peito martírios infernais;
E sinto que, seguindo uma ilusão perdida,
Me arqueja, treme e expira a lâmpada da vida!

Feriu-me os olhos tímidos o brilho da esperança,
A luz do amor crestou-me o riso de criança;
E quando procurei – sedenta – uma ventura,
Aberta vi a fauce voraz da sepultura!...
Dilacerou-me o seio, matou-me a crença bela,
O tufão mirrador de hórrida procela!

Então pálida e triste, alcei a fronte altiva
Onde se estampa a dor tenaz que me cativa;
Sorvi na taça amarga o fel do sofrimento,

E a voz queixosa ergui num último lamento:
Era o cantar do cisne, o brado da agonia…
E a multidão soberba, muda, fria!

Desprezo as pompas loucas, desprezo os esplendores,
Trilhar quero um caminho orlado só de dores;
E além, nas solidões, à sombra dos palmares,
Ao derivar da linfa por entre os nenúfares,
Quero ver palpitar, como em meu crânio a ideia,
O inseto friorento na lânguida ninfeia!

Ao despertar festivo da alegre natureza,
Quero colher as clícias que brincam na devesa;
Sentir os raios ígneos da luz do sol de maio
Reanimar-me a vida que foge n'um desmaio;
Pousar um longo beijo nas rubras maravilhas
E contemplar do céu as vaporosas ilhas.

E quando o ardor latente que cresta a minha fronte
Ceder à neve algente que touca o negro monte;
Quando a etérea asa da brisa fugitiva
Trouxer-me castos trenos da terna patativa,
Elevarei meus carmes ao Ser que criou tudo,
E dormirei sorrindo num leito ignoto e mudo.

Desalento

Présago el corazón late en mi pecho!

Martinez de la Rosa.

Adeus, lendas de amor, dourados sonhos
De meu cérebro enfermo;
Adeus, da fantasia, ó lindas flores,
Rebentadas no ermo.
Um dia, da quimera no regaço,
Adormeci sorrindo;
E os astros, lá no empíreo debruçados,
Verteram brilho infindo…
Como a flux da onda egeia um divo canto
De Homero, o bardo cego,
Resvalei da paixão nas vagas fúlgidas,
De esplendores n'um pego!…
Mas depois… densa nuvem desenhou-se
Na safira do céu,
E a ledice infantil fugiu tremendo
Ao futuro escarcéu!

Por que deixas, ó Deus, que o gelo queime

Minh'alma, planta fria?!...

Cedo descansarei (que importa?) os membros

Na penumbra sombria,

Onde a roxa saudade funerária

Enlaça-me ao cipreste;

Onde a lua, chorosa peregrina;

Derrama a luz celeste!

A vós, lendas de amor, sombras queridas

Dos devaneios meus;

A vós que me embalaste a adolescência,

Meu pranto e eterno adeus!...

Agonia

Je meurs et sur ma tombe, où lentement j'arrive,
Nul ne viendra verser des pleurs.

Gilbert.

Como vergam as lindas açucenas
 As pétalas alvejantes
Quando voam do sul as brumas frias,
Quando rola o trovão nas serranias
 Com os raios coruscantes;
Como a rola das selvas, trespassada
 De mortífera seta
Despedida por bárbaro selvagem,
Que a débil fronte inclina e cai à margem
 Da lagoa dileta;
Como a estrela gentil de um céu risonho,
 Luzindo aos pés de Deus,
Que pouco a pouco triste empalidece,
E cada vez mais pálida falece
 Envolta em negros véus;
Como a gota de mel que entorna a aurora

Na trêmula folhagem,

E brilha, e fulge ao prisma de mil cores,

Que depois desaparece aos esplendores

Da dourada voragem;

Assim foram-se as rosas de meu peito

Seus rocios de outono…

Vejo apenas a palma do martírio

Convidando-me a ir à luz do círio

Dormir o eterno sono.

Consolação

Paródia à poesia precedente, pelo sr. J. Ezequiel Freire.

Se também vingam lindas açucenas,
Mimosas, alvejantes,
Nas dobras dos valados – ermas, frias;
Dardeje embora o sol nas serranias
Seus raios coruscantes;

Se também a rolinha trespassada
D'ervada, negra seta,
Acha às vezes um bálsamo selvagem,
E vai gemer ainda à fresca margem
Da lagoa dileta;

Por que descrês de teu porvir risonho,
Poetisa de Deus?!...
Se o fanal do viver empalidece,

Se às vezes sem alento ele falece
Envolto em negros véus;

Bem cedo raia do prazer a aurora
E a trêmula folhagem
Das flores do viver, rebrilha em cores,
E ostenta mil dourados resplendores
Sem medo da voragem!

Avante! Quando as rosas do teu peito
Fenecerem no outono,
Ser-te-á um sélio – a palma do martírio!
E o sol da glória – o prefulgente círio
Que velará teu sono!…

Amargura

Sentiu já o golpe no coração e, como a copaíba ferida no âmago,
destila lágrimas em fios!

J. de Alencar.

Ao desmaiar do sol, além, nas cordilheiras,
Ao badalar dos sinos dobrando – Ave-Maria,
Ai! desprende um gemido, acorde doloroso,
Minh'alma na agonia!

Que importa o ledo riso de um tempo já volvido?
Que importa o beijo frio da cerração do sul?...
O sofrimento extingue anelos de ventura,
Flor virgem num paul!

Já tive, como todos, meus enlevados sonhos,
Senti tingir-me a face a púrpura do enleio,
E o coração pulsou-me um dia entre delícias
Fazendo arfar o seio.

E a flor vendo-me a furto, fulgia mais contente!

E as lâmpadas do céu brilhavam mais gentis!
E os cânticos das aves mais ternos se elevavam
Nas virações sutis!

E a luz me enviava um raio de tristeza;
A luz, beijo de fogo – ardente, fulgurante!
A nuvem vaporosa ao perpassar no espaço,
Olhava-me um instante!

Ai! Cedo esvaeceu-se a frívola miragem,
E fugitiva, rápida, desfez-se esta ilusão;
Apenas hoje sangra e estua-me sem vida,
O gélido coração.

Não mais se expandem lírios, nem luzem mais estrelas,
Emudeceram lentos os mágicos cantores:
Não mais se envolve a luz entre amorosos laços,
Em límpidos fulgores.

Por que não sou a rola que deixa além o ninho,
E estende as leves asas, e voa n'amplidão?
Por que não chego ao menos a fronte à imensidade
Por sobre a criação?!…

Por que não sou íris que se arqueia no éter?
Por que não sou a nuvem dos páramos sidéreos?
Por que não sou a onda azul que além desmaia
A revelar mistérios?...

O mundo que me vê passar sem um sorriso,
Não vê do meu tormento horrendo vendaval!
Ele que acolhe e afaga o venturoso, entrega
O triste à lei fatal!...

Só resta hoje à minh'alma os campos do infinito;
Aquece-se a tristinha ao sol da eternidade;
E se à lembrança traz as lendas que se foram,
São laivos de piedade!

Meu Deus! por que embalar-me o quedo pensamento
Se o amor é passageiro, se as glórias são de pó?!
Poetisa – toma a lira às lufas da descrença,
E a ti me volvo só.

Bondoso, abre-me os braços, reúne-me a teus anjos,
À eternal ventura palpitante,
Contemplarei o – nada – do seio das estrelas,
Das dores triunfante!

Fragmentos

Minh'alma é como a rola gemedora
Que delira, palpita, arqueja e chora
Na folhagem sombria da mangueira;
Como um cisne gentil de argênteas plumas,
Que falece de amor sobre as espumas,
A soluçar a queixa derradeira!

....

Meu coração é o lótus do oriente,
Que desmaia aos langores do ocidente
Implorando do orvalho as lácteas pérolas;
E na penumbra pálida se inclina,
E murmura rolando na campina,
"Ó brisa, me transporta às plagas cérulas!"

....

Ai! quero nos jardins da adolescência
Esquecer-me das urzes da existência,
Nectarizar o fel de acerbas dores;
Depois… remontarei ao paraíso,
Nos lábios tendo os lírios do sorriso,
Sobre as asas de místicos amores!

Cisma

Zéfiro pleno de estival fragrância;
Sinto a teus beijos ressurgir-me n'alma
O drama inteiro da rosada infância!

Fagundes Varela.

Ó aura merencória do crepúsculo,
Mais terna que o carpir de Siloé,
És tu que embalas minha funda angústia,
És tu que acendes no meu peito a fé.

És tu que trazes-me a virgínia endeixa
Que os anjos gemem na celeste estância,
O sussurro dos plátanos do Líbano,
O frescor dos rosais de minha infância!

Estranha languidez gela-me o seio,
Abre-se além a campa glacial,
Minha fronte que ao chão lívida pende,
Levanta com teu beijo divinal!

Eu tenho n'alma uma saudade infinda,
Mais profunda que o abismo dos espaços…

Choro meu berço que deixei criança,
Choro o sol que aclarou meus débeis passos.

Recorda-me as dolentes monodias
Que na lagoa canta o pescador;
E as tristonhas cantigas dos escravos
Quando o céu se desata em luz de amor!
E os campos de esmeralda que s'enlaçam
À opala radiante do infinito…
E a pluma extensa dos bambus na mata,
Onde ecoava da araponga o grito…
Ai, não me fujas viração sentida!
Fale-me ainda da estação feliz!
Desfolha sobre a tumba de meus sonhos
A grinalda de meus risos infantis!
Este ligeiro hálito da pátria
Como desperta sensação tão pura!
Como esta essência dos folguedos idos,
Infunde n'alma tão sutil ternura!
Ó aura do crepúsculo, mais suave
Que o perfume das rosas de Istambul,
Leva a meu ninho, meu gemer de Alcione!
Traz de meu ninho a primavera azul!

Resignação

Oh! que essa tristeza tem doce magia,
Qual luz que esmorece lutando com as sombras
as vascas do dia.

Bernardo Guimarães.

No silêncio das noites perfumosas
Quando a vaga chorando beija a praia,
Aos trêmulos rutilos das estrelas,
Inclino a triste fronte que desmaia.

E vejo o perpassar das sombras castas
Dos delírios da leda mocidade;
Comprimo o coração despedaçado,
Pela garra cruenta da saudade.

Como é doce a lembrança desse tempo
Em que o chão da existência era de flores,
Quando entoava, ao múrmur das esferas,
A copla tentadora dos amores!

Eu voava feliz nos ínvios serros
Em pós das borboletas matizadas…
Era tão pura a abóbada do elísio
Pendida sobre as veigas rociadas!…

Hoje escalda-me os lábios riso insano,
É febre o brilho ardente de meus olhos:
Minha voz só retumba em ai plangente,
Só juncam minha senda agros abrolhos.

Mas que importa esta dor que me acabrunha,
Que me separa dos cânticos ruidosos,
Se nas asas gentis da poesia
Eleva-me a outros mundos mais formosos?!…

Do céu azul, da flor, da névoa errante,
De fantásticos seres, de perfumes,
Criou-me regiões cheias de encanto,
Que a luz doura de suaves lumes!

No silêncio das noites perfumosas,
Quando a vaga chorando beija a praia,
Ela ensina-me a orar tímida e crente,
Aquece-me a esperança que desmaia.

Oh! Bendita esta dor que me acabrunha,
Que me separa dos cânticos ruidosos,
De longe vejo as turbas que deliram,
E perdem-se em desvios tortuosos!…

Invocação

Ao dr. Pessanha Póvoa.

Ingrata... Oh! não te chamarei ingrata;
Sou filho teu: meus ossos cobre ao menos,
Terra da minha pátria, abre-me o seio!

Almeida Garrett.

Quando a noite distende seu manto,
Quando a Deus faz subir rude canto
Da lagoa o audaz pescador;
Quando rolam no éter mil mundos,
Quando eleva plangentes, profundos,
Seus poemas, feliz trovador;
Quando a aragem perdida, faceira,
Beija a flor do amaranto, e ligeira
Os olores lhe rouba tremente;
Quando a linfa s'enrosca e murmura,
Na macia, relvosa espessura,
Qual argêntea, travessa serpente;
Quando fulge a rainha dos mares
Desdobrando, entornando nos ares
Suavíssima e plácida luz,
E descansa chorando na lousa

Onde a virgem dormente repousa,
Acolhendo-se à sombra da cruz;
Quando ao som das gentis cachoeiras
Mil ondinas a flux, feiticeiras,
Cortam rolos de espuma de prata;
E desperta do abismo os mistérios,
E reboa nos campos aéreos
O gemido tenaz da cascata;
Sinto n'alma pungir-me o espinho!
Sinto o vácuo embargar o caminho
Que procuram meus trenos de amor!
Desse sol que dá luz e ventura;
Desses pampas de eterna verdura,
Ai! não vejo a beleza, o esplendor!
Se eu pudesse, qual cisne mimoso
Que nas águas campeia orgulhoso,
Demandar minha pátria adorada…
Ou condor, em um voo gigante,
Contemplar sob o céu – palpitante –
Esses lagos de areia dourada…
Mas, ó pátria, são frágeis as asas!
E se aos bardos mil vezes abrasas,
Não me ofertas um mirto sequer!…
Quando intento librar-me no espaço,

As rajadas em tétrico abraço

Me arremessam a frase – mulher!...

Seja embora! Se em leves arpejos

Vem a brisa cercar-te de beijos

E dormir sobre tuas campinas,

Dá-me um trilo dos plúmeos cantores!

Dá-me um só dos ardentes fulgores

De teu cálido céu sem neblinas!

No ermo

Quando penetro na floresta triste
Qual pela ogiva gótica o antiste
Que procura o Senhor,
Como bebem as aves peregrinas
Nas ânforas de orvalho das boninas
Eu bebo crença e amor!...

Castro Alves.

Salve! orestas virgens, majestosas,
Aos céus alçando as comas verdejantes
Em perenais louvores!
Salve! berço de brisas suspirosas,
D'onde pendem coroas flutuantes
Aos lúcidos vapores!
Eu que esgotei do sofrimento a taça,
Que pendo par'a campa úmida e fria,
No alvorecer da vida;
Que na longa vigília da desgraça
Não vejo luz... nem tenho na agonia
Consolação querida;
Eu que sinto na fronte erma de sonhos
A centelha voraz, a febre ardente

Que o viver me consome;
Que já não creio num porvir risonho...
Que só busco olvidar num ai plangente
O martírio sem nome...
Oh! eu quero, meu Deus, sorver sedenta
Os virgíneos e úvios desta selva,
Gozar beleza e sombra!
Molhar meus pés na vaga sonolenta...
E desmaiar depois na mole relva,
Na balsâmica alfombra!...
Aqui, entre estes troncos seculares,
Sob a cúpula ingente que flutua.
Num mar de luz serena,
Não penetra a paixão com seus esgares,
Mais lânguido fulgor esparge a lua
Nas asas da falena.
Na mística penumbra entrelaçadas
Vicejam longas palmas espinhosas
De rastejantes cardos;
E no âmago das árvores lascadas;
Em fios brotam bagas preciosas
De cristalinos nardos.
Ao brando embate da amorosa aragem
Desprendem-se das longas trepadeiras

Mil pétalas purpurinas;
E dos terrais a tépida bafagem
Derrama o grato odor das canemeiras
No cálix das boninas.
Nas folhas de sereno gotejantes,
Balouça-se o inseto de esmeralda
À luz dourada e pura;
A serpente de tintas cambiantes
Desprende-se da órida grinalda,
E roja na espessura!
Além, recorta o vale aveludado,
Entre moutas gentis de violetas
O arroio preguiçoso;
E das flores aladas namorado,
Retrata as doudejantes borboletas
No leito pedregoso.
Em floridos festões cria a liana,
Sobre a linfa que rola murmurando,
Mil pontes graciosas,
Ou coliga-se à hercúlea canjerana,
E eleva-se, blandícias derramando,
Às nuvens luminosas.
O povo dos cerúleos passarinhos
Que há pouco em doces hinos de alegria,

Cantava seus amores,
Volteia em busca dos macios ninhos
Saciado de gozo, a fantasia
Repleta de esplendores.
Pouco a pouco derramam-se nos ares
Mais doces murmúrios. Já se esvaem
No remanso da noite
Os arpejos dos trêmulos pilares,
Já não bafeja os lótus, que descaem,
Das auras o açoite.
Agora que repousa a turba estulta,
Que a lua brinca nos vergéis fulgentes,
E os silfos se embevecem,
O primeiro cantor brasílio exulta,
E os gorjeios sonoros, estridentes,
Num gemido falecem!
De novo a voz se alteia palpitante
Ao capricho indolente, langoroso,
Da garganta canora;
Varia o poeta a escala delirante…
Dir-se-ia o murmurar langue saudoso,
Da onda que s'esflora!…
Eu amo estes risonhos alcaçares,
Quer a pino dardeje o rei dos astros

Seus raios queimadores

Quer a névoa que ondeia entre os palmares

Vele os noturnos, luminosos rastros,

Com gélidos palores.

Aqui aos ternos cânticos das aves,

Ao refulgir das lágrimas da aurora

Nos campesinos véus,

Minh'alma presa de emoções suaves

Desdenha a mágoa insana que a devora

E remonta-se aos céus!

Salve! florestas virgens, majestosas,

Aos céus alçando as comas verdejantes

Em perenais louvores!

Salve! berço de brisas suspirosas,

Donde pendem coroas flutuantes

Aos lúcidos vapores!

O Itatiaia

Os negros píncaros do Itatiaia, em forma de agulhas, eram em seus vértices dourados por uma frouxa luz solar, enquanto que um certo lusco e fusco matutino pairava sobre as regiões ocupadas por Minas, S. Paulo e Rio de Janeiro. O gelo alastrado por terra e escalando o anco dos montes era um manto prateado nas várzeas e pirâmides de cristais nos cabeços dos montes!

Franklin Massena.

Ante o gigante brasílio,
Ante a sublime grandeza
Da tropical natureza,
Das erguidas cordilheiras,
Ai, quanto me sinto tímida!
Quanto me abala o desejo
De descrever num arpejo
Essas cristas sobranceiras!

Vejo aquém os vales pávidos
Que se desdobram relvosos;
Profundos, vertiginosos,
Cavam-se abismos medonhos!
Quanto precipício indômito,

Quanto mistério assombroso
Nesse seio pedregoso,
Nessa origem de mil sonhos!...

Ondulam ao longe múrmuras
Aos pés de esguios palmares,
As florestas seculares
Cingidas pela espessura;
A liana forma dédalos
Na grimpa das caneleiras,
Do cedro as vastas cimeiras
Formam dosséis de verdura.

Por sobre os seixos dos álveos
Coleiam brancas serpentes,
E as águas soltam frementes
Doridos, brandos queixumes;
Ao perpassar pelas fráguas
Em prateados cachões,
Sacodem nos turbilhões
Seu diadema de lumes.

Brota a torrente cerúlea
Do Aiuruoca em cascata,

Rola a treda catarata
Sobre coxins de esmeraldas;
A linfa desmaia túmida
No coração da voragem,
E terna – lambendo a margem
Vai perder-se além das fraldas!

Em três lagos vejo o tálamo
Onde as agulhas se elevam,
Neles constantes se cevam
Três espumosas vertentes;
Do Paraná galho ebúrneo
Do Mirantão se desprende
E, sem que banhe Resende,
Leva ao Prata os confluentes!

Rompendo o celeste páramo
Nem mais um tronco viceja,
A ericínia rasteja
Sobre as fendas do granito:
Tapeta o solo a nopália,
Verte eflúvios a açucena,
E a legendária verbena
Coroa o negro quartzito!

Mais alto, ostenta-se a anêmona
No caule raimunculoso;
Pendem do seio mimosa
Flocos de virgem pureza:
Roubou-lhe a tinta das pétalas
O cirrus que adorna a aurora;
A vaga quando desflora
Imita-lhe a morbideza!

O Terglu, o Asse e o Pésciora
Invejam esta altitude,
E da coma áspera e rude
Os cabeços recortados.
Pendem rochedos erráticos
Na vastidão da eminência,
Belezas que a Providência
Guarda a seus predestinados.

Em derredor, às planícies
Nivelam-se as serranias;
Envoltos nas brumas frias
Transparecem os outeiros;
E o olhar ardente e ávido
Contempla os montes perdidos,

Como troféus reunidos,

Como tombados guerreiros!...

Salve! Montanha granítica!

Salve! Brasílio Himalaia!

Salve! Ingente Itatiaia,

Que escalas a imensidade!...

Distingo-te a fronte válida,

Vejo-te às plantas, rendido,

O meteoro incendido,

A soberba tempestade!...

De teu dorso assomam ínvios

Feixes de pedra em pilastras,

Órgão gigante que enastras

De mil grinaldas alpestres!

Quem lhes calca a base, intrépido,

Vendo o sublime portento,

Liberta seu pensamento

Das amarguras terrestres!

Rasgando o horizonte plúmbeo

O sol te envia seus raios;

As nuvens formam-te saios

Quais ligeiras nebulosas!
Miram-te as flores etéreas,
Cobrem-te espumas de neve,
Dão-te o pranto fresco e leve
Da noite as fadas formosas!

E quando envolvem-te as áscuas
Queimando o chão rociado,
Funde-se o tirso gelado,
Caem profusos fragmentos!
Muda-se o quadro de súbito:
Chovem cristais dos pilares,
E nu se perde nos ares
O perfil dos monumentos!...

Vai meu canto ao mundo sôfrego
Que ante os prodígios se inclina,
Narrar a beleza alpina
Das regiões em que trilhas;
Leva-lhe nas asas vélidas
Meu culto à serra gigante,
Pátrio ponto culminante,
Berço de mil maravilhas!...

Vinte e cinco de março

Lave-se a nódoa infame que mareia
O refulgente nome do Brasil;
E se o sangue somente lavar pode
Essa mancha odienta e vergonhosa
Venha o sangue, por Deus, venha a revolta!

Celso Magalhães.

Na noite sepulcral dos tempos idos,
Plácida avulta a merencória esfinge;
Esplêndido fanal que esclarecera
A crente multidão!
Monumento do verbo grandioso
Deste povo titã, débil ainda…
Centelha sideral que fecundara
A seiva da nação!

Lacerado o sendálio tenebroso
Que nos velava os livres horizontes,
Entoa o continente americano
Um hino colossal;
Mais vívida no peito a fé rutila,

Mais nobres s'erguem dos heróis os bustos
Cingidos pela ama deslumbrante
Da glória perenal.

Mas tu projetas o negror no espaço
Que sobre nós desata-se em sudário!
Mas teu hálito extingue a luz benéfica
Que acendera o Senhor!
Maldição! Maldição! A liberdade
Vê de lodo o seu manto salpicado...
Do vulcão popular a ígnea lava
Desmaia sem calor...

Raiaste como o símbolo nefasto
Do traidor Antíteo, mentindo ao orbe,
E os louros virgens da nação sorveste
Como hidra voraz!
Roubaste ao povo a palma do triunfo,
Recompuseste a algema ao pó lançada,
E moldaste no bronze a estátua fria
Da mentira loquaz!

Das espaldas robustas da montanha
A pedra derrocada, abate selvas;

A avalanche vacila lá nos Alpes…

    Convulsam terra e mar!

Resvalaste, padrão de cobardia,

Pelos áureos degraus do sólio augusto…

E a santa aspiração, e os sonhos grandes,

    Esmagaste ao tombar!…

Após a luz… o caos confuso, intérmino!

Após o hino festival de um povo…

O lúgubre silêncio do sepulcro

    Sem uma queixa, ou voz!

Lançaste a pátria em báratros profundos,

Ferida pela mão da tirania,

E apenas um lampejo de civismo

    Deixaste ao crime atroz!

....

Onde estavam, ó pátria, os teus Andradas

Que te sustinham aos ombros gigantescos?

Onde o tríplice brado altipotente

    Do peito popular?

Gemem sem luz em cárceres medonhos,

Seguem do exílio a pavorosa senda

Rorando com seu pranto piedoso

    De teu solo o altar!

Rasgai, rasgai a folha lutulenta,

Emblema de mesquinho cativeiro;

Não vedes? Choram hoje em tuas campas

Os manes dos heróis!…

Salvai a honra dos que em lar estranho

Por ti verteram lágrimas de sangue,

E resgatando a fé despedaçada,

Vingai nossos avós!…

Manhã de maio

A Brandina Maia.

A madrugada,
Recatada no véu d'espessa bruma,
Aparece, respira-se alegria!

Teófilo Braga.

Querida, a estrela-d'alva ao mar s'inclina;
Solta a calhandra o canto da matina
Na coma ingente da giesta em flor!
A natureza é uma ode imensa:
Eleva-se de cada mouta densa
O hino ao Criador!

Deixemos a cidade: além, a veiga
Nos guarda a olência apaixonada e meiga
Dos corimbos que agita a viração.
Vês? Desponta uma rosa em cada galho,
E das rosas tremula o doce orvalho
No rubro coração!

Pelas espáduas ásperas do monte,

– Gigante das legendas do horizonte,
Rola a espuma de luz e alaga o val;
Ao mole influxo de teu riso mago
Desperta o euro e frisa em doido afago
    Das linfas o cristal!

E o nenúfar a estremecer de frio
Levanta a fronte cérula do rio,
Expondo ao raio a face de cetim;
As borboletas dançam como willis;
Esquece a louca abelha as amaryllis
    No seio do jasmim!

Da selva secular nas verdes naves
Perdem-se ao longe os cânticos suaves
Dos voláteis salmistas do sertão;
Ouves? A queixa túrbida das matas
E o múrmur merencório das cascatas
    Reboam n'amplidão!...

Rasgando a profundeza flutuante
Das nuvens a pilastra cintilante
Sustenta do infinito a concha azul;
E a concha do infinito é o quente ninho,

D'onde a estrela, dourado passarinho,
Voara para o sul!

Na terra – plena paz! Plena harmonia!
Rolam cantos de amor, de poesia,
No val, na serra, na extensão do mar!...
No firmamento – fogos peregrinos,
E a névoa a gotejar prantos divinos
De Deus ao terno olhar!...

É a hora em que a prece da serrana
Vai fervente da plácida cabana
Às plantas expirar do Redentor!
Em que a loura criança acorda rindo!
E corta o dorso do oceano infindo
O pobre pescador!

E a fantasia arroja-se no espaço
Da caligem quebrando o frio laço
Para ondular no pélago de anil!
E Deus desprende para ti, formosa,
A essência virginal da tuberosa,
Que s'embala no hastil!

Em nosso seio brinca a primavera,
Em nossa fronte a lúcida quimera
Verte a ama voraz da inspiração;
Pois bem! que o vento leve à divindade
Do puro altar de nossa mocidade
O incenso da oração!...

A Resende

Eu te achei; meu bordão de romeiro
Qual mal m'esperavas... talvez!

Teixeira de Melo.

Enfim te vejo, estrela da alvorada,
Perdida nas celagens do horizonte!
Enfim te vejo, vaporosa fada,
Dolente presa de um sonhar insonte!
Enfim, de meu peregrinar cansada,
Pouso em teu colo a suarenta fronte,
E, contemplando as pétreas cordilheiras,
Ouço o rugir de tuas cachoeiras!

Mal sabes que profundos dissabores
Passei longe de ti, éden de encantos!
Quanto acerbo sofrer, quantos agrores
Umedeci co'as bagas de meus prantos!
Sem um raio sequer de teus fulgores...
Sem ter a quem votar meus pobres cantos...
Ai! O Simum cruel da atroz saudade
Matou-me a rubra flor da mocidade!...

Vivi bem triste! O coração enfermo
Buscava embriagar-se de harmonias,
Porém via do céu no azul sem-termo
Um presságio de novas agonias!…
O bulício do mundo era-me um ermo
Onde as lavas do amor chegavam frias…
Só uma melancólica miragem
Dourava-me a solidão – a tua imagem!

Caminhei, caminhei sem ter descanso
Ao som das epopeias das florestas;
Caminhei, caminhei e no remanso
Da tarde, ouvi do mar as vozes mestas;
Nas ribas descansei de um lago manso
P'ra gozar do talento as nobres festas,
E adormeci na esmeraldina alfombra
Da palmeira real à grata sombra!

Caminhei inda mais: com nobre empenho
Penetrei no sagrado santuário
Onde o gênio – em delírio – arrasta o lenho
Do trabalho, em demanda de um Calvário!
Vi surgir sobre a tela, à luz do engenho,
E povoar o templo solitário,

Da Carioca a lânguida figura,
De Nhaguaçu o feito de bravura!…

Inclinada nas longas penedias,
Acompanhei o voo das gaivotas;
Meu nome arremessei às ventanias
Sem que sentisse sensações ignotas!
Da musa do piano as melodias,
De uma flauta canora as doces notas,
O gelo que sorvi num mago enleio,
Tudo gelado achou meu débil seio!…

Mas após negridão de noite lenta,
Na curva do horizonte o sol resplende:
Após o horror de tétrica tormenta,
Gazil santelmo lá no céu se acende;
Após o latejar da dor cruenta
Vejo-te enfim, ó plácida Resende,
Debruçada no cimo da colina,
Sorrindo meiga à exausta peregrina!

Abre-me os braços, filha do ocidente,
Quero beber teus mádidos luares!
Quero escutar o soluçar plangente

Do vento pelas franças dos palmares!
Não vês que no meu lábio há sede ardente?
Que me calcinou a tez o sol dos mares?...
Ah! mostra ao passo meu tardio, incerto,
A sombra d'arequeira do deserto!

Que saudades que eu tinha das campinas,
Destes prados e veigas odorantes!
De teu tirso de cândidas neblinas
Recamado de auroras cambiantes!
Destas brandas aragens matutinas
Que doidejam com as ondas murmurantes,
De tudo, tudo quanto em ti resumes,
Formosa noiva dos estivos lumes!

Na corola da flor de minha vida
Se aninha agora inspiração mais pura;
De meu rio natal a voz sentida
Desperta em mim um mundo de ternura!
Em minha triste fronte empalecida
Mais uma estrofe límpida fulgura,
E no berço de tuas matas densas
Libo sedenta o orvalho de mil crenças!...

Ó filha de Tupã, que um véu de brumas
Estendes sobre o mísero precito;
Ó ave linda, que as mimosas plumas
Aqueces nos ardores do infinito;
Garça gentil, que surges das espumas
Como da mente do poeta o mito,
Enquanto a lua ondula pelo espaço
Abre a meu sono eterno o teu regaço!

Miragem

Délivrez, frémissant de rage,
Votre pays de l'esclavage,
Votre mémoire du mépris!

Victor Hugo.

Senhor, o calmo oceano
No verão nas quentes noites,
Se revolta sobranceiro
Da tempestade aos açoites!
Encrespa o dorso potente
Dilacerando fremente
As asas do vendaval;
Faz cintilar a ardentia
E arroja à nuvem sombria
Diademas de cristal!

Envolta em ocos de neve
Se levanta a cordilheira;
Sonha um raio ardente, ígneo,
Que lhe doure a cabeleira!
Fita audaz o vasto espaço,
Despedaça o tíbio laço

Dos nevoeiros do sul;
Solta a coma de granito,
Vai devassar o infinito
Rasgando o cendal azul!

No espelho em que o sol se mira,
A tarambola em delírios,
Corta co'as plumas de prata,
Da espuma os nítidos lírios,
De sobre o escarcéu, ignota,
Num voo imenso a gaivota
Sonda os páramos do ar;
E dos passos encantados
Surgem peixinhos dourados
Que saltam a frol do mar!

Oh! Tudo, tudo se expande
Às auras da liberdade!
A treva calcando as plantas,
Demandando a imensidade!
Do incenso a loura neblina…
O som da voz argentina
Que canta idílios de amores…
Do Nuttal o pó ardente…

Da mata a cúp'la virente...
Do rio os tênues vapores!
E sob o céu sempre belo
Da mais sedutora plaga,
Beija – o rei – da natureza
O ferro que o pulso esmaga?!

Qu'importa que os sáxeos montes
– Atalaias de horizontes –
Clamem do ar n'amplidão:
"Levanta-te, ó povo bravo,
Quebra as algemas de escravo
Que te aviltam o coração?!..."

Rompem-se esforços insanos,
Esmaga o flagício lento,
Mas a verdade sublime
Não aclara o firmamento.
Descera a mortalha fria
Que do mais formoso dia
Enturvava o alvorecer,
E não transborda ruidoso
O vagalhão luminoso
Que o cetro deve sorver!?

Meu Deus, quando há de esta raça,
Que genuflexa rebrama,
Erguer-se de pé, ungida,
Das crenças livres na chama?
Quando há de o tufão bendito
Trazer, das turbas ao grito,
O verbo de Mirabeau?
E à luz da moderna idade,
Ao crânio da mocidade
Os sonhos de Vergniaud?!...

Oh! Dá que em breve eu contemple
Aos puros raios da glória
O feito altivo gravado
Nos fastos da pátria história!
Dá que deste sono amargo,
Deste pélago em letargo,
Que nos envolve no pó,
Surja a vaga triunfante
Que anime no túmulo ovante
As cinzas de Badaró!

Lembras-te?

A Adelaide Luz.

La nature semblait n'avoir qu'une âme aimante,
La montagne disait: Que la eur est charmante!
Le moucheron disait: Que l'ocean est beau!

Victor Hugo.

Era à tardinha: a luz no monte debruçada
Nos enviava o – adeus – com tépido langor;
Brincava em nossas tranças a brisa embalsamada,
Tudo ante nós sorria, desde a gramínea à flor.

E tu me perguntaste com essa fala aérea,
Tomando minha mão nas tuas mãos mimosas:
"Por que cismando fitas a vastidão sidérea?
Por que contemplas muda as tênues nebulosas?"

Escuta: a terra sagra ao sol mil harmonias!
A fonte ondula trêmula a superfície azul:
Vagam no espaço – errantes – celestes melodias,
E róseas nuvens cingem a amplidão do sul.

No ar brincam as sombras com seus fulgores pálidos,
As dríades desdobram as asas transparentes;

Esquece a magnólia do dia os raios cálidos,
E os alvos nenúfares se ocultam nas correntes.

Ao longe, o busto negro de imensa serrania,
Campeia majestoso ao lânguido clarão…
Esvai-se lá nas selvas o som d'Ave-Maria…
E a trepadeira rubra alastra o mole chão.

Argênteas cataratas rolando pelas fráguas
Sacodem catadupas de lindos diamantes;
Na face dos arroios, na candidez das águas,
Perfumam mariposas os corpos cambiantes.

Além soluça a rola um cântico saudoso…
Entorna-se a poesia do firmamento a flux;
Gemem eólias harpas, e o manto luminoso
Do céu, desvenda as loiras palhetas que produz!

Não me perguntes mais com essa fala aérea
Por que muda contemplo as tênues nebulosas,
Por que cismando fito a vastidão sidérea,
Ó sílfide embalada em névoas vaporosas!

Vejo no lago azul, na flor, nos verdes montes,

O Ser que cria a brisa, e doura o arrebol;

Que impele a nuvem túmida por sobre os horizontes,

Que nos fazendo de pó, vestiu de luz o sol!…

À lua

Tu és o cisne que em meus cantos canto,
Tu és a amante que em meus prantos chora!

Teixeira de Melo.

Contemplas-me, virgem pálida?
Mandas-me um riso? Não creio!
Não vejo a espuma fulgente
Da luz, num beijo fervente
Tingir-te a neve do seio!

Por que de brandas carícias
Circundas a poetisa?
Não tens acaso nas flores
Mais feiticeiros amores?
Não tens o arpejo da brisa?

Quando no leito sidéreo
Repousas a face linda,
Pareces alva criança
Que descuidosa descansa
No berço alvejante ainda.

E se passas entre páramos
Nos braços de mil anjinhos;
Se vais banhar-te nos lagos
Do lírio aos langues afagos,
Saúdam-te os passarinhos!

Ah! Quebra a nudez intérmina
Meiga irmã dos pirilampos!
Não vives de poesia?
Por que percorres sombria
Do céu os lúcidos campos?

Estendo-te os braços trêmulos,
Vem desvendar-me o mistério,
Contar-me as latentes dores,
A causa dos teus palores,
Rainha do reino aéreo.

Depois… ao clarão esplêndido,
Seguindo-te os lentos passos,
Contar-te-ei meus pesares
Em frente à extensão dos mares,
Presa em teus délios laços.

Mas não tentes, em silêncio,

Sondar a chaga dorida!

É tarde, virgem, é tarde,

No meu seio apenas arde

Uma centelha de vida!

Sete de Setembro

Ergueu-se a mão de Deus sobre o Ipiranga,
Quando o esteio aluiu do despotismo.

Félix da Cunha.

En vain l'injuste violence
Au peuple qui le loue imposerait silence;
Son nom ne périra jamais,
Le jour annonce au jour sa gloire et sa puissance.

Racine.

Salve! Dia feliz, data sublime
Que despertas o sacro amor da pátria
Em nossos corações!
Salve! Aurora redentora que eternizas
A era em que o Brasil entrara ovante
No fórum das nações!

Aquém do oceano, entre coreias místicas,
Co'a imensa coma abandonada aos ventos
Descansava a dormir,
O filho altivo das cabrálias cismas,
Calmo como a Sibila que tateia
Mistérios de porvir!

E os ósculos ardentes do pampeiro
Do gigante adormido os lassos membros,
Enchiam de vigor,
E os délios raios da saudosa lua
A soberba cabeça lhe adornavam
D'estemas de fulgor.

Um dia… ai! Despertou, vendo cortado
Pela infame cadeia dos cativos
O nobre pulso seu;
Estremecera em ânsias: lava ardente
Rugira incendiada pelas fibras
Do novo Prometeu!…

E os mundos agitaram-se nos eixos,
E o mar convulso arremessou aos ares;
Cristais em turbilhões;
E a humanidade inteira ouviu tremendo
O brado heroico que rasgara o peito
Do gênio das soidões!

Após insano esforço, ergueu-se ingente
Calcando aos pés a algema espedaçada
Da luta no estertor,

E o Amazonas foi dizer aos mares,
E os Andes se elevaram murmurando:
"Eis-nos livres, Senhor!"

Tu foste meiga estrela que fulguras,
Apontando o caminho ao pegureiro
Exposto ao vendaval;
Rosa orvalhada de divinas lágrimas,
Que o colo purpurino reclinaste
No sólio de Cabral;

Liberdade gentil, visão dos anjos,
Clícia mimosa balouçada à sombra
Pelo bafo de Deus,
Tu foste, como sempre, a luz d'aliança
Que a santa chama n'alma aviventaste,
Roubando-a aos escarcéus!...

Mas não se cinge a escravidão à algema:
A terra que sagrar vieste livre
Do futuro no altar,
Rasgado o seio por voraz abutre,
Vê-se ora entregue à escravidão dos erros,
Sem forças, vacilar!

Ah! Não te esqueças deste augusto dia!
Ampara o débil povo que se curva
Ante um falso poder!
Desdobra tuas asas refulgentes
Sobre o leito funéreo em que repousa
O mártir Xavier!

E quando os filhos teus tendo por bússola
A crença livre que n'antiga idade
Fundiu tantos grilhões,
Remontarem aos polos do futuro
Enchendo o vácuo de um presente inerte
De indústria e aspirações;

Serás tu, liberdade sacrossanta
Que cingida de magos resplendores
Nos ungirás de luz!
Serás tu, que voltada p'ra o infinito
Nos guiarás na senda fulgurante
Que à vitória conduz!...

Salve! Dia feliz, data sublime,

Que desperta o sacro amor da pátria

Em nossos corações!

Salve! Aurora redentora que eternizas

A era em que o Brasil entrara ovante

No fórum das nações!…

A noite

Eu amo a noite solitária e muda
Quando no vasto céu fitando os olhos,
Além do escuro que lhe tinge a face
Alcanço deslumbrado
Milhões de sóis a divagar no espaço.

Gonçalves Dias.

Ó Noite, meiga irmã da poesia,
Ninfa em lânguidas cismas balouçada,
Abre-me o seio teu, pleno de encantos!
Oh! Quero em ti fugir à dor famélica
Que me devora o coração sem vida
E os seios de minh'alma dilacera!
Quero a fronte pendida alçar, envolta
Na fímbria imensa de teu manto tétrico!...

Debruça-se a nopália enfraquecida
Se o cálix lhe bafeja o Norte adusto;
Desmaia a vaga azul na praia curva
Como um arco indiano, quando céleres
Do favônio indolente os leves beijos
Esfrolam da laguna a nívea opala;

Também meu coração se estorce e sangra
Do sofrimento entre as cruentas fráguas!
E tu, que as alvas pétalas requeimadas
Alentas com uma lágrima celeste;
Tu, que da espuma da amorosa ondina
Formas na concha a preciosa pérola;
Concede ao peito meu que a mágoa enluta
Inda um momento de serenos gozos...
Um riso que meus lábios ilumine,
Um só lampejo de fugaz delícia!

Ó fonte de ilusões, sobre teu colo
Repousa exangue o desgraçado escravo;
Ao silêncio que espalha sobre a terra
Implora o triste bardo a estrofe rútila,
Que se expande em torrentes de harmonia!
E o pobre, em áureos sonhos, transportado,
Contempla a messe que promete o estio
Aos filhos desditosos da miséria!

Quanto te amo, ó Noite! À mole queixa
Da brisa que adormeces na floresta
Confundo meus tristíssimos gemidos;

À melodia das esferas pálidas
Que as orlas de teu véu sombrio bordam,
Conserto os trenos que o sofrer me inspira;
E a gota amarga que me sulca as faces
A um teu sorriso se converte em bálsamo!…
Quando na extrema do horizonte infindo

Do sol se apaga o derradeiro raio;
Quando lenta e tardia desenrolas
De teu manto real a tela plúmbea;
Quando vais rociar a laje tosca
Da fria sepultura com teus prantos,
O murmúrio dos mundos emudece
Ante tua grandeza melancólica!…

E se a filha gentil de teus amores
Cingida de palor no éter brilha;
Se a poeira dos astros cintilantes
Do Senhor do universo esmalta o sólio;
Minh'alma desatando os térreos laços,
De vaga fantasia arrebatada,
Vai pelos raios de formosa estrela
Aninhar-se do elísio na flor cérula!…

Ó Noite, meiga irmã da poesia,

Ninfa em lânguidas cismas balouçada,

Abre-me o seio teu, pleno de encantos!

Desse regaço o divinal mistério

Faz-me esquecer a angústia cruciante

De passadas visões! E de meu seio,

Teu morno sopro nas geladas cinzas,

Anima a esp'rança de um futuro esplêndido!...

Vem

Venez: l'onde est si calme et le ciel est si pur!

Victor Hugo.

Lírio mimoso dos jardins cerúleos,
Plácido arcanjo de brilhantes vestes,
Vem, Sono, e com teu cetro fúlgido
　　Fecha-me os olhos.

Não vês que as sombras se desdobram tétricas?
Que Éolo geme sem já ter um silvo?
Não vês que os gênios do oceano indômito
　　Lânguidos choram?
Vem, que a fragrância dos junquilhos cândidos,
Se casa ao múrmur da fugaz corrente;
Há na folhagem das sombrias árvores
　　Túrbida queixa.

Se ao leito foges em que rola o cético,
Turbando a noite co'a blasfêmia ímpia,
Tu vens da virgem deferir a súplica

Tímida e pura!

E quando baixas, belo ser notívago,
Vertendo orvalhos, mitigando dores,
As magnólias que se alteiam pálidas
Curvam-se na haste.

O pobre escravo num langor benéfico
Recobra forças para a luta insana;
Lasso proscrito, todo o horror do exílio
Mísero! – esquece.

A branca pomba, da doçura símbolo,
Oculta a fronte sob as níveas asas;
E o rei das feras nas cavernas líbicas,
Flácido tomba!...

O cafre exausto sobre a areia tórrida
Busca a palmeira no Saara erguida;
E goza ao sopro de teu meigo hálito,
Mágico encanto!

Oh! mais não tardes, vem ungir-me as pálpebras!
Meu ser embala num dourado sonho!
Rasga o véu denso que limita o vácuo,
Mostra-me a pátria!...

Pesadelo

A meu pai, sr. Jácome de Campos.

I

A toi ce dur métier,
D'empêcher que le droit ne meure tout entier;
A toi, vers fossoyeur, de déterrer les ombres,
De secouer des morts le spectre gemissant
De mettre au front du crime une marque de sang!

Jean Larocque

Quando nas horas mortas da noite que se esvai.
Me empalidece a face e a fronte me descai;
Eu dessa vastidão sem fim do mar do mundo
Colho as raras pérolas que dormem lá no fundo;
E vejo a luz mostrar-se a custo, fugitiva,
Por entre densas trevas a cintilar cativa.

Da velha idade ao sol… Na Grécia florescente
Caindo o persa audaz, não vê a lava ardente
Que lavra desses peitos nos férvidos vulcões!
Da pátria a queixa rasga os gregos corações:
Levanta-se Milcíades e nas guerreiras lides
Abraça o gênio másculo do íntegro Aristides!

Além folgava Roma em seus festins ruidosos
– Berço da ímpia Túlia e régios criminosos,
E a sanha do Soberbo rugia sob os céus
De fúlgidos zimbórios e lindos coruchéus:
Mas a honra de Lucrécia, por um príncipe ultrajada,
No sangue dos senhores por Bruto foi vingada.

Nessas montanhas ínvias, nos alcantis virentes,
Na limpidez dos lagos de ondulações trementes;
No seio desse ninho formado de mil flores,
Onde cantam idílios os tímidos pastores,
Eu vejo fulminadas as águias poderosas
Que de Tell desafiaram as iras belicosas.

No caos da confusão arquejam parlamentos,
Trêmulo de ardor, reúne esparsos regimentos,
E à frente das falanges intrépidas, luzidas,
Vingança! Brada Cromwell às raças oprimidas;
Com rapidez terrível o gládio soberano
Atira ao pó a fronte do plácido tirano!

E vejo um lidador com santo entusiasmo
Tentar roubar a Itália a seu servil marasmo;
Reatear a chama – a chama amortecida

Na mesa do banquete, na morbidez da vida!…
Mas, ai! de um fero Papa, ao mando assassinado,
Rienzi o invencível caiu sacrificado!

E lá quando a Polônia nas garras de seus erros
S'estorce, enchendo em vão de lágrimas os cerros,
Encélado sublime, em frente às invasões,
Destaca-se Kosciusko erguendo as multidões!…
Escrita estava a sorte: devasta a Prússia a plaga,
E o esforço sobre-humano a Rússia fria esmaga.

A filha de Albion ativa repousava
Aquém do vasto mar, ante a mãe pátria – escrava;
Quebra o patriotismo o leito em que dormia,
Ergue-se o povo herói e a luta acaricia:
Silvando voam balas, o eco acorda os montes,
Livre surge a nação enchendo os horizontes!…

II

Ton souffle du chaos faisait sortir les lois;
Ton image insultait aux dépouilles des rois,
Et, debout sur l'airain de leurs foudres guerrières,
Entretenait le ciel du bruit de tes exploits.

Casimir Delavigne.

Salve! Oh! Salve Oitenta-e-Nove
Que os obstáculos remove!
Em que o heroísmo envolve
O horror da maldição!

Rolam frontes laureadas,
Tombam testas coroadas
Pelo povo condenadas
Ao grito – revolução!

Caem velhos privilégios
D'envolta co'os sacrilégios;
São troféus – os cetros régios,
Mitra, burel e brasão!
E os três esquivos estados
Fundem-se em laços sagrados,
Que prendem os libertados
Aos pés da revolução!
No pedestal da igualdade
Firma o povo a liberdade,
Um canto à fraternidade
Entoa a voz da nação,
Que em delírio violento
Fita altiva o firmamento

E adora por um momento
A deusa – Revolução!...

Os ódios secam o pranto,
A ira tem mago encanto,
E a morte sacode o manto
Lançando crânios no chão!
Aqui são longos gemidos
Desses que tombam feridos;
Ouvem-se, além, os rugidos
Da fera – revolução.

Treme a humana potestade
Ante tua mortandade!
Proclama que a sociedade
Agoniza em convulsão!
Erguem-se estranhas fileiras
Vão devassar as fronteiras,
Bradando às hostes guerreiras:
Abaixo a Revolução!

O nobre povo oprimido
Supõe-se fraco e vencido,
Medem-lhe o sangue espargido

Nas vascas da confusão.

Não sabem que é mais veemente
Dos livres o grito ingente
Quando reboa fremente
À luz da revolução!

Levanta-se hirta a falange
E a louca marcha constrange;
Rindo-se aguça o alfanje
Tendo por guia a razão!
Ao sibilar da metralha
O obus gemendo estraçalha,
E o vasto campo amortalha
Quem fere a revolução!

Cobre a bandeira sagrada
A multidão lacerada,
E da França ensanguentada
Assoma Napoleão;
Surge da borda do abismo
O gênio do cristianismo,
E dos mártires o civismo
Confirma a Revolução.

III

Que palmas de valor não murcha a grande história!
O povo esquece um dia os ínclitos varões…

Pedro Luiz.

Contempla, minha pátria, sobranceira,
Dessas hostes os louros refulgentes;
E procurando a glória em teus altares
Entretece uma coroa a Tiradentes.

Viste marchar ao exílio acorrentados
Quais feras que teu seio rejeitava,
Os mais que te desprender o pulso tentam,
E dormiste sorrindo – sempre escrava!…

E quando retumbou no espaço um brado,
Tentando sacudir-te a negra coma,
Curvaste-te ao flagício fratricida
E deste ao cadafalso o – Padre Roma!

E não contente, após a exímia aurora
De tua amesquinhada independência,
Mais vítimas votaste em holocausto,
Sufocando outra nobre inconfidência.

Não bastavam, porém, tantos horrores
Que enegrecem as brumas do passado;
Foi preciso que às mãos de um assassino
Caísse o grande herói – Nunes Machado!

Foi preciso que em nome da justiça
De prisão em prisão vagando esquivo,
Acabasse afinal sem glória e nome,
Em martírio latente – Pedro Ivo!...

Mas se um dia o porvir abrir-te o livro
Que o presente te oculta temeroso;
Se com a vista medires a estacada
Em que o falso poder se ostenta umbroso;

Então, ó minha pátria, num lampejo
Os erros surgirão da majestade;
E arrojarás ao pó cetros e tronos,
Bradando ao mundo inteiro – liberdade!

TERCEIRA PARTE

À sua dedicada amiga,
A exma. sra. d. Maria Amélia D'Ivahy Barcellos O. D. C.

A autora.

Castro Alves

O livro do destino se entreabre
Deixando ver nas páginas douradas
O seu nome fulgente, glorioso,
Que as turbas admiram assombradas.

Joanna Tiburtina.

Deus quis ouvi-lo,
Deu-lhe um poema no céu: – a Eternidade!

Costa Carvalho.

Por que convulsa e geme o pátrio solo
Dos montes despertando os ecos lúgubres?
Por que emudece o férvido oceano
E à terra, erma da luz, chorando atira
Mil turbilhões de lágrimas amargas?
Por que de sombras tétricas se vela
O firmamento azul? Que mágoa imensa
Enluta os corações e arranca o pranto?!...

É que o sono final cerrara os olhos
De um filho das soidões americanas!

O sol que aviventava a chama augusta
No peito dos titãs do Dois de Julho
Iluminara o berço vaporoso
Do pálido cantor da liberdade!
As dulcinosas brisas lá do norte,
Ao ensaiar dos passos vacilantes,
Traziam-lhe os queixumes, despertando
Um mundo de harmonias em su'alma!

E a dileta criança estremecia
Sentindo em si a seiva do futuro.

Mais tarde a fronte nobre, cismadora,
Volvia ao céu para escutar-lhe os votos
E muda, à terra, revolvia pávida,
Como o profeta que a missão sublime
Das mãos de Deus recebe; desmaiava
Como desmaia a flor da magnólia
Aos ardores do estio. E radiosa
A pátria contemplou-o embevecida!

Já não era a criança temerosa
Do confuso murmúrio das florestas;

Era o poeta cuja lira d'ouro
Erguia do sepulcro o vulto ingente
Do apóstolo Pedro Ivo; cujos trenos
Derramavam lampejos fulgurantes
De um róseo amanhecer: ora risonhos
Como as límpidas pérolas que entorna
A rórida alvorada, ora profundos
Como os cavos rugidos do Oceano!…

Estranha confusão de riso e pranto,
De luz e sombra, mocidade e morte!

Depois, cisne de amor, deixou os lares,
Demandando as campinas rociadas,
Onde ecoara o brado altipotente
De Independência ou Morte. Ali desdenha
As três irmãs que lhe apontavam gélidas
O porvir do poeta; vê o gênio
A marchar, a marchar no itinerário,
Sem termo do existir, morto de inveja!

"E o mísero de glória em glória corre,
Buscando a sombra de uns frondosos álamos.

Eu queria viver, beber perfumes
Na flor silvestre que embalsama o éter;
Ver su'alma adejar pelo infinito
Qual branca vela na amplidão dos mares
Sentia a voraz febre do talento,
Entrevia um esplêndido futuro
Entre as bênçãos do povo; tinha n'alma
De amor ardente um universo inteiro!
Mas uma voz lhe respondeu sombria:
Terás o sono sobre a lajem tosca!"

E nessas regiões sempre formosas
Onde lhe acenava o fanal da ciência,
O louco sonhador dos Três Amores
Colheu o fatal germe destrutível
Que lhe minou a existência; quebrantado
Volveu às plagas que deixara outrora
Por pressentir, como única esperança,
Um túmulo entre os seus, no pátrio ninho.

E as almejadas palmas do triunfo
Converteram-se em lousa mortuária!
Mas... não morreste, não, condor brasílio,

Que nunca morrerão teus puros versos!

Não, não morreste, que não morrem Goethes,

Não morrem Dantes, Lamartines, Tassos,

Garretts, Camões, Gonçalves Dias, Miltons,

Azevedos e Abreus. Teus belos cantos

Cortarão as caligens das idades,

Como de Homero os divinais poemas!

E lá da eternidade onde repousas

Acolhe o canto meu que o pranto orvalha!...

A A. Carlos Gomes

(No álbum do maestro)

Na harpa estalada ao dedilhar primeiro,
Não acho um cano para erguer-te ao mundo!
Não acho uma asa para erguer-me a ti!

Teixeira de Melo.

Nas ondas de aplausos que te rolam às plantas
Mil anjos a flux,
Derramam-te n'alma delícias bem santas!
Circundam-te a fronte que altiva levantas
Corimbos de luz!

A glória envolveu-te na faixa fulgente,
De puro esplendor;
No seio aqueceu-te, mostrou-te contente
A senda bordada de louro virente,
De prantos sem dor.

O gênio brilhou-te na testa inspirada
Com vivos clarões;
A pátria escutou-te sorrindo enlevada,
A fama cantando na tuba dourada,
Levou-te às nações!

E em meio de chuvas de louros, de rosas,

Surgiu Guarani

E o céu recamado de auroras formosas,

As auras, as flores, as nuvens mimosas,

Sorriram-se aqui.

Avante! E se longe da pátria encontrares

Mimoso louvor;

Descantem teus lábios à luz dos luares,

Saudades das filhas dos pátrios palmares,

Dos anjos de amor!

Visão

A Helena Fischer.

Esperança… é o símbolo do futuro,
o caminho incessante para o saber,
para a riqueza, para o céu.

Jácome de Campos.

Uma noite em que a febre da vigília
Escaldava-me o crânio e a fantasia,
Das regiões da luz e da harmonia
Eu vi baixar uma gentil visão;
Tinha na fronte ebúrnea, em vez de pâmpanos,
Grinalda de virgíneas tuberosas,
E trazia nas alvas mãos mimosas
O sagrado penhor da redenção.

E perguntei: Quem és, arcanjo fúlgido,
Que vens iluminar-me a noite escura?
Quem és, tu que derramas a frescura
No pudibundo cálice da flor?…
Serás acaso a ondina teutônica
Envolta das espumas no sudário?
Serás um raio vindo do Calvário
Para trazer-me vida e crença, e amor?…

Vida… Não tentes, querubim empírico,
Reanimar a flama extinta hoje!
Sinto que o círio da razão me foge
Da treva eterna no assombroso mar!
Criança… Embalde a pedi com longas lágrimas!
Embalde aclama meu sofrer profundo,
Como clamava Goethe moribundo:
"Luz! às sombras silentes de Weimar!…"

Amor… Límpido aljofar que das pálpebras
De Cristo rola fecundando o solo!
Amor… suave bálsamo, consolo
Que implora a humanidade ao pé da cruz!…
Oh! sim, aponta-me miragem cândida
Que mostra ao crente o paraíso aberto;
Estrela d'Israel, que do deserto
Aos braços da Vitória nos conduz!…

Mas quem és, tu que vens erguer do pélago
A aurora funeral de meu futuro?
Fala! Quem és, que um ósculo tão puro
Depões em minha fronte de mulher?!…"
"Sou a Esperança – disse; – em minha túnica
Brilha serena a lágrima do aflito;

Tenho um sólio no seio do infinito,
E banha-me o clarão do rosicler!

Abre-me o coração pleno de angústias,
Conforto encontrarás em meu regaço;
Criarei para ti mundos no espaço
Onde segrede amor aura sutil!
Onde em lagos azuis de areias áureas
S'embalem redivivas tuas crenças,
E à meiga sombra das lianas densas
Vibres cismando às notas do arrabil".

"Curvo-me, ó anjo, a teu assento plácido:
Já nem me punge tanto sofrimento!
Sinto em meu peito o divinal alento
Que verte n'alma teu cerúleo olhar!
A meus olhos se rasga atro sendálio,
Fito o incerto porvir mais calma e forte:
Já tenho forças p'ra lutar com a sorte
E voto a minha lira em teu altar!"

A festa de S. João
Recordação da Fazenda Esperança

À exma. sra. d. Marianna Cândida de M. França.

I

Ó noite plena de celeste encanto,
Fonte sagrada de abusões suaves,
Deixa que eu prenda a teu sendal meu canto;
Deixa que eu libe teus arpejos graves,
Ó noite plena de celeste encanto!

Quando do empíreo te debruças linda
Que doce paz no coração entornas!
Com a flor mimosa da saudade infinda
O peito enfermo do proscrito adornas,
Quando do empíreo te debruças linda!

De teu bafejo ao perfumoso afago
O cactus abre a virginal corola
E a ondina paira sobre o azul do lago!
Da brisa o treno ao infinito rola
De teu bafejo ao perfumoso afago!

E tudo, tudo quanto vive ama
Bebendo as lendas que teu manto espalha;
De Vênus brinca a vaporosa ama
Com o facho humilde do casal de palha,
E tudo, tudo quanto vive ama!

Em derredor de uma fogueira ardente,
Qual tribo inquieta de falenas loucas,
Doudejam moças sobre a gleba algente;
E o riso entreabre coralíneas bocas
Em derredor de uma fogueira ardente!

No chão resvalam como orvalho d'ouro
Fátuas centelhas recortando o espaço;
Da laranjeira o doce fruto louro
Da luz cedendo ao languescido abraço,
No chão resvala como orvalho d'ouro!

Corre o tambor a extravagante escala
Seguindo o canto que murmura o escravo;
Negra crioula a castanhola estala,
E à voz robusta que levanta um – bravo! –
Corre o tambor extravagante escala.

Ó noite plena de celeste encanto,
Fonte sagrada de abusões suaves,
Deixa que eu prenda a teu sendal meu canto;
Deixa que eu libe teus arpejos graves,
Ó noite plena de celeste encanto!

II

Rasgou-se a faixa noturna
Que a natureza envolvia,
E a aurora rubra derrama
Torrentes de poesia;
Das cascatas, da floresta
Ergue-se um hino de festa
Nas harpas da viração;
E o sol – Vesúvio sublime –
Nos crânios vastos imprime
A lava da inspiração!

Erguendo ao Senhor hosanas,
Curva-se n'ara o levita,
E a bênção concede à turba
Que genuflexa palpita.
Da fé, à chama divina,
Cada cabeça s'inclina

Banhada de etérea luz;
De cada lábio rubente
A prece voa fervente,
Ungindo o pedal da cruz!

A criancinha dileta
Rindo recebe o batismo,
Isenta de culpas, entra
No templo do cristianismo!
A celeste unção é gládio
Que vence o crime, paládio
À heresia infernal;
Abate as seitas erguidas
E leva as almas rendidas
À pátria celestial!

Sim! quando em berço d'infante
– Ninho de crenças mimosas –
Onde o amor brota em ondas
Onde rebentam mil rosas,
Resvala a gota sagrada
Que verte na fronte amada
A luz das constelações,
O povo abraça a esperança

E a Deus eleva a criança

Nas asas das saudações!...

Por isso da célia estância

Num raio de caridade

À terra baixou radioso

O anjo da liberdade;

Que a fortes pulsos escuros,

Unindo seus lábios puros,

Partiu um grilhão atroz;

E de infelizes escravos

Fiz talvez dez homens bravos,

Talvez dez outros heróis!

Oh! bendita a mão femínea

Que o empíreo entreabre ao precito,

Que ao cego aponta um caminho,

E à pátria leva o proscrito!...

Oh! bendita a mãe formosa

Que olhando o filho, ditosa,

Manda o cadáver viver!

A oração do liberto,

Subindo no vento incerto,

Faz o céu graças chover!

III

É noite, é noite de magia e enleio!
Buscando asilo em palpitante seio
Voa o pólen da flor!
Do ar sereno vibrações eólias
Perfumam-se nas alvas magnólias,
Que languescem de amor!

Da sala festival pelas janelas
Céleres rolam catadupas belas
De fúlgidos clarões;
Vênus surpresa, da azulada esfera,
Um raio de langor verte severa
Por entre as cerrações.

Os perfumes sutis causam vertigens;
Transbordam de fulgor o olhar das virgens,
Da madona ideal;
Como a planta a boiar sobre a corrente,
Adeja do mancebo o sonho ardente
Num colo de vestal!

E cada riso anima uma esperança!
Aos sons da tentadora contradança

Olvida-se o sofrer...

O hálito da bela o ar aroma,

E o rubor que na face nívea assoma

Trai íntimo prazer.

Dos lábios de uma loura formosura

Enchendo o espaço de harmonia pura

Desata-se a canção;

P'ra ouvir-lhe a fala maviosa, a lua

Que no páramo intérmino flutua

Penetra no salão!...

Canta, canta formosa peregrina

Que a tua merencória cavatina

Acalma anseios meus!

O mundo é vário, pérfido oceano...

Quando o deixares, cisne soberano,

Gorjearás nos céus!

O turbilhão da valsa o moço arrasta,

E à tez rubente da donzela engasta

A baga de suor...

Só eu meio à turba que doudeja

Sou como a Esfinge que o Athbára beija

Sem vida… sem calor…

Ó noite divinal, plena de olores,
Que estendes sobre a terra um véu de flores
Abertas ao luar,
Verteste em meu sombrio pensamento
O orvalho sideral do esquecimento!
Oh! deixa-me te amar!…

Recordação

A Adelaide Luz.

. . . que distância
Não vai d'hoje àqueles dias
Da nossa risonha infância!

Teófilo Braga.

Lembras-te ainda, Adelaide,
De nossa infância querida?
Daquele tempo ditoso,
Daquele sol tão formoso
Que dava encantos à vida?

Eu era como a florinha,
Desabrochando medrosa;
Tu, alva cecém do vale,
Entreabrias em teu caule
Da aurora à luz d'ouro e rosa.

Nosso céu não tinha nuvens:
Nem uma aurora fulgia,
Nem uma ondina rolava,

Nem uma aragem passava

Que não desse uma alegria!
Tu me contavas teus sonhos
De pureza imaculada;
Eflúvios de poesia,
Trenos de maga harmonia...
Eras sibila inspirada!...

E a nossos seres repletos
Desse amor que não fenece,
Como sorria a existência!
Quanto voto de inocência
Levava ao céu nossa prece!

Hoje que apenas cintila
Ao longe a estrela da vida,
Venho triste recordar-te
Esse passado, abraçar-te,
Minh'Adelaide querida!

O sacerdote

Ao rev.mo sr. vigário Felipe José Correia de Mello.

... C'est un ange venu sur la terre où nous sommes,
C'est l'homme presque Dieu consolant d'autres hommes.
Guiraud.

Ente sagrado que sereno calcas
Os bravos cardos do terreno horto,
Erguendo os fracos que chorando prostram-se,
Entre a miséria a derramar conforto;
Dizei, que arcanjo te sustenta, oculto,
Do mundo falso sobre as cruas paixões?
Quem deu-te a crença que a sorrir espalhas
    Às multidões?

Quem deu-te aos olhos que a celeste ama
Que alenta a vida, e purifica a alma,
E o lábio ungiu-te do melífluo verbo
Que tanta ardência, tanta sede acalma?...
Símbolo do Cristo, tu entornas bálsamos

Do peito a aflito sobre o chão revel…
Quanta nobreza não disfarça avaro
    Negro burel!?

Teu doce império se revela exímio
Onde do déspota o poder falece,
Ao céu teu ser em sacrifício sobe
Nas brancas asas da singela prece.
Banha-se o crente, a teu suave assento,
Nas ondas louras da caudal da fé;
Caem por terra mil errôneas seitas
    Ontem de pé!

O braço inerme protetor estendes
Da virgem pura à candidez sublime,
Enquanto ao seio piedoso apertas
O réu, remido do negror do crime!
Após teus passos vão seguindo as bênçãos
Do pobre enfermo que te estendeu a mão;
Ao ímpio mesmo que blasfema, atiras
    Doce perdão!

E quando exausto, para o vil patíbulo,
Caminha um homem que a justiça esmaga,

Sustendo a fronte que o terror desvaira,
Além lhe mostra a sidérea plaga:
Contrito escuta o condenado a lenda
Das longas dores que sofreu Jesus,
E quando lhe pende a cabeça, expira
Beijando a Cruz!

Prossegue sempre nessa trilha augusta,
Para onde adeja a funeral desgraça!
Mas não te afastes dos festivos grupos,
Quebra-se em breve do prazer a taça!
Se o frio cético ao rolar no abismo
Fitar sombrio os tristes olhos teus,
Verá rasgar-se do sepulcro as sombras,
Julgar-te-á Deus!...

Tais são, ó mártir de uma ideia, as luzes
Que opões à treva tumular do mundo;
Ai! Nunca invejes o bulício inglório
Das doudas turbas o labor profundo!
Embora o gênio da desdita envolva
Nosso destino em funerário véu,
Por entre os prantos te veremos sempre
Próximo ao céu!...

Amor de violeta

As violetas são os serenos pensamentos que o mistério
e a solidão despertam na alma verdejante da esplêndida primavera.

Luís Guimarães Júnior.

Esquiva aos lábios lúbricos
Da louca borboleta,
Na sombra da campina olente, formosíssima,
Vivia a violeta.

Mas uma virgem cândida
Um dia ante ela passa,
E vai colher mais longe uma faceira hortênsia
Que à loura trança enlaça.

"Ai! geme a flor ignota:
Se pela cor brilhante
Que tinge a linda rosa, a tinta melancólica
Trocasse um só instante;

Como sentira, ébria
De amor, de mágoa enleio,

Do coração virgíneo as pulsações precipites,

Unida ao casto seio!”

Doudeja a criança pálida

Na relva perfumosa,

E a meiga violeta ao pé mimoso e célere

Esmaga caprichosa.

Curvando a fronte exânime

Soluça a flor singela:

“Ah! Como sou feliz! Perfumo a planta ebúrnea

Da minha virgem bela!...”

O africano e o poeta

Ao dr. Celso de Magalhães

Les esclaves... Est-ce qu'ils ont des dieux?
Est-ce qu'ils ont des ls, eux qui n'ont point d'aieux?

Lamartine.

No canto tristonho
Do pobre cativo
Que elevo furtivo,
Da lua ao clarão;
Na lágrima ardente
Que me escalda o rosto,
De imenso desgosto
Silente expressão;

Quem pensa? O poeta
Que os carmes sentidos
Concerta aos gemidos
De seu coração.

Deixei bem criança
Meu pátrio valado,
Meu ninho embalado

Da Líbia no ardor;
Mas esta saudade
Que em túmido anseio
Lacera-me o seio
Sulcado de dor,

Quem sente? O poeta
Que o elísio descerra;
Que vive na terra
De místico amor!

Roubaram-me feros
A férvidos braços;
Em rígidos laços
Sulquei vasto mar;
Mas este queixume
Do triste mendigo,
Sem pai, sem abrigo,
Quem quer escutar?...

Quem quer? O poeta
Que os térreos mistérios
Aos paços sidéreos
Deseja elevar.

Mais tarde entre as brenhas
Reguei mil searas
Co'as bagas amaras
Do pranto revel;
Das matas caíram
Cem troncos, mil galhos;
Mas esses trabalhos
Do braço novel,

Quem vê? O poeta
Que expira em arpejos
Aos lúgubres beijos
Da fome cruel!

Depois, o castigo
Cruento, maldito,
Caiu no proscrito
Que o simum crestou;
Coberto de chagas,
Sem lar, sem amigos,
Só tendo inimigos…
Quem há como eu sou?!…

Quem há?… O poeta

Que a chama divina

Que o orbe ilumina

Na fronte encerrou!…

Meu Deus! Ao precito

Sem crenças na vida,

Sem pátria querida,

Só resta tombar!

Mas… quem uma prece

Na campa do escravo

Que outrora foi bravo

Triste há de rezar?!…

Quem há de?… O poeta

Que a lousa obscura,

Com lágrima pura

Vai sempre orvalhar!?

Sadness

Still visit thus my nights, for you reserved,

And mount my soaring soul to thoughts like yours.

James Thomson.

Meu anjo inspirador não tem nas faces
As tintas coralíneas da manhã;
Nem tem nos lábios as canções vivaces
Da cabocla pagã!

Não lhe pesa na fronte deslumbrante
Coroa de esplendor e maravilhas,
Nem roubas ao nevoeiro flutuante
As nítidas mantilhas.

Meu anjo inspirador é frio e triste
Como o sol que enrubesce o céu polar!
Trai-lhe o semblante pálido – do antiste
O acerbo meditar!

Traz na cabeça estema de saudades,
Tem no lânguido olhar a morbideza;
Veste a clâmide eril das tempestades,
E chama-se Tristeza!...

O baile

Esta fingida alegria,
Esta ventura que mente,
Que serão delas ao romper do dia?...

Gonçalves Dias.

A noite desce lenta e cheia de magia;
A multidão febril do templo da alegria,
Invade as vastas salas.
O mármore, o cristal, a sede e os esplendores,
Do manacá despertam os mágicos olores,
À languidez das falas.

Ao rutilar das luzes as dálias desfalecem...
Roçando o pó as vestes das virgens s'enegrecem,
Enturva-se a brancura...
O ar vacila tépido... a música divina
Semelha o suspirar de uma harpa peregrina...
É a hora da loucura!

Pela janela aberta por onde o baile entorna
No éter transparente a vaga tíbia e morna
Do hálito ruidoso,
Da vida as amarguras espreitam convulsivas

O leve esvoaçar das frases fugitivas…
O estremecer do gozo!…
E tudo se inebria: o lampejar de um riso
Acende n'alma a luz gentil do paraíso,
Arranca a jura ardente!
E a mariposa incauta, em súbita vertigem,
Arroja-se a mulher crestando o seio virgem
Na pira incandescente!

Aqui, na nitidez de um colo, a coma escura
S'espraia em mil anéis, enlaça a fronte pura
Auréola de rosas!
Da valsa ao giro insano, volita pelo espaço,
Do cinto estreito, aéreo, o delicado laço,
As gazes vaporosas.

Ali, na meiga sombra indiferente a tudo,
Imerso em doce cisma um colo de veludo
Ondula deslumbrante:
Que fogo oculto, ignoto, em suas fibras vaza,
Vívido ardor que faz tremer-lhe a nívea asa
De garça agonizante?!…
Além, meus olhos tímidos contemplam com tristeza
As penas da mulher, dessa ave de beleza

Calcadas sem piedade!...

Esparsas pelo solo as laceradas rendas
As flores já sem viço... abandonadas lendas
Da louca mocidade!

A festa chega ao termo; a harmonia expira;
A luz na convulsão final langue se estira
Pelo salão deserto;
Há pouco o doudejar da multidão festante,
Agora o empalidecer da chama vacilante,
Ao rosicler incerto!

Depois a razão fria contando instantes ledos
De castos devaneios, de juramentos tredos
Ouvidos sem receio...
Num corpo languescido o espírito agitado...
E a febre da vigília ao doloroso estado
Ligando vago anseio...
A vida é isto: hoje cruel grilhão de ferro;
Talvez d'ouro amanhã, mas sempre a dor, o erro,
Aniquilando o gênio!
Passado – áureo friso num mar de indiferença;
Presente – eterna farsa universal, suspensa
Do mundo no proscênio!

Fantasia

A Brandina Maia.

A emanation it is of rainbow:
– All beauty and peace…

Byron.

É bela a cecém do vale
Quando desponta mimosa,
Sobre o caule, melindrosa,
Ao rutilar do arrebol;
Quando a gota etérea e pura
Que chora o céu sobre a terra,
O lindo seio descerra
Aos frouxos raios do sol.

É bela a meiga criança
Sentindo à luz da existência,
Co'a alma – toda inocência,
E a face – toda rubor!
Os róseos lábios ungidos
Por mim acentos – suaves
Como o gorjeio das aves,
Como o suspiro de amor!…

Des'brocha o lírio, mais alvo
Que o tênue oco de neve;
A viração fresca e leve
Lhe oscula as pétalas – feliz;
Ternos carmes lhe murmura
A namorada corrente,
Que se deriva indolente
Por sobre o flóreo tapiz.

Assim a virgem formosa
Torna-se mais sedutora,
Quando a poesia enflora
Sua beldade ideal!
Quando no brilho fulgente
Dos olhos vívidos, belos,
Su'alma ardente de anelos
Mostra candor divinal!

Então, se a fita a miséria
Sente no seio a esperança;
A um seu sorriso a criança
Ligeira tenta sorrir;
Aos lábios – casto delírio
Implora a audaz borboleta;

O mesmo altivo poeta
Pede-lhe um raio de amor!...

E tudo, tudo que a cerca
De medrosos juramentos,
Vê, nos vagos pensamentos,
A candidez que seduz!
E tudo, tudo que sofre
Vê que, à imagem de Maria,
A virgem – flor de poesia –
Deus fez repleta de luz!

Que o Senhor a ti, ó virgem
– Símbolo de amor e candura –
Poupe a taça da amargura
Que a meu lábio não poupou!
Que se desdobre nitente
A fita de tua vida,
De tantos sonhos tecida
Quantos o céu me negou!

Julia e Augusta

Quanto há no mundo de ilusões fagueiras,
De perfume e de amor, guardam no peito;
Quanto há de luz no céu mostram nos olhos,
Quanto há de belo na alma.

Gonçalves Dias.

São duas rosas se expandindo rúbidas
No brando caule com suave encanto;
São duas nuvens deslizando túmidas
Do campo aéreo no azulado manto.

São duas ondas marulhosas, flácidas,
Que o tíbio sopro do favônio frisa;
São duas conchas deslumbrantes, nítidas,
Do mar na praia refulgente e lisa.

São duas auras, perfumosas, tépidas,
Beijando as pétalas de uma flor pendida;
São duas rolas resvalando tímidas
No dorso curvo do escarcéu da vida.

Duas auroras ressurgindo límpidas
Por entre as trevas que a tormenta encerra;
Graças libradas sobre o espaço, fúlgidas,
A cuja sombra se conchega a terra!

Uma – os rútilos das pupilas vívidas
Vela nos prantos de gazil ternura;
Na cor mimosa da Moema indígena
Concentra o ardor da tropical natura!

Outra, revela nos olhares lânguidos
Toda a pureza da celeste estância;
À tez formada de açucenas úmidas
Rouba o outono a festival fragrância!

Ambas – cingidas de virgínea auréola
Firmes caminham na escabrosa trilha!
Feliz daquele que sorvesse em ósculos
O afeto imenso que em seus olhos brilha.

Noturno

Oh! quelle joie dans la fraicheur de cette belle nuit d'eté! Comme on sent dans de calme ici tout ce qui rend l'âme heureuse!

Goethe.

Languesce a calma ardente:
Nos ares, levemente,
Desdobra-se tremente
Da noite a coma escura;
Do zéfiro adejo
Envolve em longo beijo
O símbolo do pejo,
A rosa da espessura.

A linfa marulhosa,
Dolente, langorosa,
Estende-se chorosa
Num leito de luar;
Além, um canto soa,
Por sobre a espuma voa
Ligeira, uma canoa
Cortando o azul do mar.

Do espaço eis a princesa:

Na gélida beleza

Que doce morbideza,

Que angústia calma e funda!

E cada flor nevada

Que se dobra crestada

Na haste recurvada,

Co'a branca luz inunda!

Planetas fulgurantes

Se velam, por instantes,

Nas rendas flutuantes

Das nuvens de algodão;

Sacode a noite o manto,

Na terra chove pranto…

Que vaporoso encanto

Embala a criação!…

O elísio tem fulgores,

A terra orvalho, flores

E místicos amores

Que velam descuidados;

Mas, ah! quanto lamento

Não sobe tardo, lento,

Na voz do sofrimento

No – ai – dos desgraçados?!…

Ao mísero inditoso

Envia, ó Deus piedoso,

Um raio esperançoso

Que abrande a intensa dor!

Na vaga que delira,

No euro que suspira,

Na casta e santa pira

Lh'infunde teu amor!…

A rosa

Que ímpia mão te ceifou no ardor da sesta
Rosa de amor, rosa purpúrea e bela?
Almeida Garrett.

Um dia em que perdida nas trevas da existência
Sem risos festivais, sem crenças de futuro,
Tentava do passado entrar no templo escuro,
Fitando a torva aurora de minha adolescência.

Volvi meu passo incerto à solidão do campo,
Lá onde não penetra o estrepitar do mundo;
Lá onde doura a luz o báratro profundo,
E a pálida lanterna acende o pirilampo.

E vi airosa erguer-se, por sobre a mole alfombra,
De uma roseira agreste a mais brilhante filha!
De púrpura e perfumes – a ignota maravilha,
Sentindo-se formosa, fugia à meiga sombra!

Ai, louca! Procurando o sol que abrasa tudo,
Gazil se desatava à beira do caminho;
E o sol, ébrio de amor, no férvido carinho,
Crestava-lhe o matiz do colo de veludo!

A flor dizia exausta à viração perdida:
"Ah! minha doce amiga, abranda o ardor do raio!
Não vês? Jovem e bela eu sinto que desmaio
E em breve rolarei no solo já sem vida!

Ao casto peito uni a abelha em mil delírios,
Sedenta de esplendor, vaidosa de meu brilho;
E agora embalde invejo o viço do junquilho,
E agora embalde imploro a candidez dos lírios!

Só me resta morrer! Ditosa a borboleta
Que agita as áureas asas e paira sobre a fonte;
Na onda perfumosa embebe a linda fronte
E goza almo frescor na balsa predileta!"

E a viração passou. E a flor abandonada
Ao sol tentou velar a face amortecida;
Mas do cálix gentil a pétala ressequida
Sobre a espiral de olores rolou no pó da estrada!

Assim da juventude se rasga o flóreo véu
E do talento a estátua no pedestal vacila;
Assim da mente esvai-se a ideia que cintila
E apenas resta ao crente – extremo asilo – o céu!

Ave-Maria

Sobre uma página de Lamartine.

Ma l'aere imbruna, et il bronzo della sera
C'invita alla preghiera.
Il Guarany.

O rei do dia, vacilante, incerto,
Abandona seu carro de vitória,
E reclinando em rúbida alcatifa
Adormece no tálamo da glória!
A cortina de nuvens cambiantes
Guarda o róseo vestígio de seus passos;
À imensidão em luz a terra em sombra,
Prendem milhares de purpúreos laços!

Como esplêndida lâmpada de ouro
Do crepúsculo suspensa à fronte nua,
Ondula lá na fímbria do horizonte
De palor ideal cingida – a lua!
A catadupa ácida dos raios,
Repousa sonolenta sobre a relva,
E o negro véu que cai sobre a campina
Mais densa torna a negridão da selva!

A natureza envolve-se n'esta hora
Em faixas siderais de poesia,
Vendo sumir-se o resplendor divino,
Vendo cair da noite a lousa fria!
E murmurando a colossal estrofe
De um poema de célica linguagem,
Ao Criador que o sol formou da treva
Oferece a magnífica homenagem!

Eis o imenso holocausto do universo
Da terra a vastidão tendo por – ara!
Por dossel – a safira do infinito!
Por círio – os mundos que o Senhor aclara!...
Os flocos purpurinos que vagueiam
Na planície do ar, do poente à aurora,
São colunas do incenso que embalsamam
Os pés de Deus que a natureza adora!...

Porém é mudo o gigantesco templo!
No céu é mudo o manto peregrino!
D'onde rebenta o celestial concerto?
D'onde se eleva o sacrossanto hino?
No harmônico remanso só escuto
Pulsar meu coração, ora ofegante...

A voz augusta é nossa inteligência
Que no éter flutua irradiante!...

Nos rubores da tarde que agoniza,
Sobre as asas balsâmicas do vento,
Nosso ser, sobranceiro à térrea urna,
Sutil essência – sobe ao firmamento!
E prestando uma fala a cada ente,
Trépido eflúvio a cada flor rasteira,
Ave de amor – para a serena súplica
Com seus trinos desperta a terra inteira!

Os páramos silentes do deserto
Parecem escutar a voz do Eterno!
As multidões contritas buscam ávidas
Um só fulgor de seu olhar paterno!
E Aquele que ouve os salmos das esferas,
Que contempla perene a luz do dia,
Neste instante solene, ao som dos sinos,
Faz subir uma prece – Ave-maria! –

Les Deux Trophées

(L'Année terrible)

Victor Hugo.

Peuple, ce siècle a vu tes travaux surhumains.
Il t'a vu repétrir l'Europe dans tes mains.
Tu montras le néant du sceptre et des couronnes
Par ta façon de faire et défaire des trônes ;
A chacun de tes pas tout croissait d'un degré ;
Tu marchais ; tu faisais sur le globe effaré
Un ensemencement formidable d'idées ;
Tes légions étaient les vagues débordées
Du progrès s'élevant de sommets en sommets ;
La Révolution te guidait ; tu semais
Danton en Allemagne et Voltaire en Espagne ;
Ta gloire, ô peuple, avait l'aurore pour compagne,
Et le jour se levait partout où tu passais ;
Comme on a dit les Grecs on disait les Français ;
Tu détruisais le mal, l'enfer, l'erreur, le vice,
Ici le moyen âge et là le saint-of ce ;
Superbe, tu luttais contre tout ce qui nuit ;
Ta clarté grandissante engloutissait la nuit ;
Toute la terre était à tes rayons mêlée ;
Tandis que tu montais dans ta voie étoilée,

Les hommes t'admiraient, même dans tes revers ;

Parfois tu t'envolais planant ; et l'univers,

Vingt ans, du Tage à l'Elbe et du Nil à l'Adige,

Fut la face éblouie, et tu fus le prodige ;

Et tout disparaissait, – Histoire, souviens-t'en, –

Même le chef géant, sous le peuple titan.

De là deux monuments élevés à ta gloire,

Le pilier de puissance et l'arche de victoire,

Qui tous deux sont toi-même, ô peuple souverain,

L'un étant de granit et l'autre étant d'airain.

Penser qu'on fut vainqueur autrefois est utile.

Oh ! ces deux monuments, que craint l'Europe hostile,

Comme on va les garder, et comme nuit et jour

On va veiller sur eux avec un sombre amour !

Ah ! c'est presque un vengeur qu'un témoin d'un autre âge !

Nous les attesterons tous deux, nous qu'on outrage ;

Nous puiserons en eux l'ardeur de châtier.

Sur ce hautain métal et sur ce marbre altier,

Oh ! comme on cherchera d'un œil mélancolique

Tous ces ers vétérans, ls de la République !

Car l'heure de la chute est l'heure de l'orgueil ;

Car la défaite augmente, aux yeux du peuple en deuil,

Le resplendissement farouche des trophées ;
Les âmes de leur feu se sentent réchauffées ;
La vision des grands est salubre aux petits.
Nous éterniserons ces monuments, bâtis
Par les morts dont survit l'œuvre extraordinaire ;
Ces morts puissants jadis passaient dans le tonnerre,
Et de leur marche encore on entend les éclats ;
Et les pâles vivants d'à présent sont, hélas !
Moins qu'eux dans la lumière et plus qu'eux dans la tombe.

Écoutez, c'est la pioche ! écoutez, c'est la bombe !
Qui donc fait bombarder ? qui donc fait démolir ?
Vous !

Le penseur frémit, pareil au vieux roi Lear
Qui parle à la tempête et lui fait des reproches.

Quels signes effrayants ! d'affreux jours sont-ils proches ?
Est-ce que l'avenir peut être assassiné ?
Est-ce qu'un siècle meurt quand l'autre n'est pas né ?
Vertige ! de qui donc Paris est-il la proie ?
Un pouvoir le mutile, un autre le foudroie.
Ainsi deux ouragans luttent au Sahara.
C'est à qui frappera, c'est à qui détruira.

Peuple, ces deux chaos ont tort ; je blâme ensemble
Le firmament qui tonne et la terre qui tremble.

Soit. De ces deux pouvoirs, dont la colère croît,
L'un a pour lui a loi, l'autre a pour lui le droit ;
Versaille a la paroisse et Paris la commune ;
Mais sur eux, au-dessus de tous, la France est une ;
Et d'ailleurs, quand il faut l'un sur l'autre pleurer,
Est-ce bien le moment de s'entre-dévorer,
Et l'heure pour la lutte est-elle bien choisie ?
O fratricide ! Ici toute la frénésie
Des canons, des mortiers, des mitrailles ; et là
Le vandalisme ; ici Charybde, et là Scylla.
Peuple, ils sont deux. Broyant tes splendeurs étouffées,
Chacun ôte à ta gloire un de tes deux trophées ;
Nous vivons dans des temps sinistres et nouveaux,
Et de ces deux pouvoirs étrangement rivaux
Par qui le marteau frappe et l'obus tourbillonne,
L'un prend l'Arc de Triomphe et l'autre la Colonne !

Mais c'est la France ! Quoi, Français, nous renversons
Ce qui reste debout sur les noirs horizons !
La grande France est là ! Qu'importe Bonaparte !
Est-ce qu'on voit un roi quand on regarde Sparte ?

Otez Napoléon, le peuple reparaît.
Abattez l'arbre, mais respectez la forêt.
Tous ces grands combattants, tournant sur ces spirales,
Peuplant les champs, les tours, les barques amirales,
Franchissant murs et ponts, fossés, euves, marais,
C'est la France montant à l'assaut du progrès.
Justice ! ôtez de là César, mettez-y Rome.
Qu'on voie à cette cime un peuple et non un homme ;
Condensez en statue au sommet du pilier
Cette foule en qui vit ce Paris chevalier,
Vengeur des droits, vainqueur du mensonge féroce !
Que le fourmillement aboutisse au colosse !

Faites cette statue en un si pur métal
Qu'on n'y sente plus rien d'obscur ni de fatal ;
Incarnez-y la foule, incarnez-y l'élite ;
Et que ce géant Peuple, et que ce grand stylite
Du lointain idéal éclaire le chemin,
Et qu'il ait au front l'astre et l'épée à la main !
Respect à nos soldats, rien n'égalait leurs tailles ;
La Révolution gronde en leurs cent batailles ;
La Marseillaise, effroi du vieux monde obscurci,
S'est faite pierre là, s'est faite bronze ici ;
De ces deux monuments sort un cri : Délivrance !

Quoi ! de nos propres mains nous achevons la France !
Quoi ! c'est nous qui faisons cela ! nous nous jetons
Sur ce double trophée envié des Teutons,
Torche et massue aux poings, tous à la fois, en foute !
C'est sous nos propres coups que notre gloire croule ! Nous la brisons, d'en haut, d'en bas, de près, de loin,
Toujours, partout, avec la Prusse pour témoin !
Ils sont là, ceux à qui fut livrée et vendue
Ton invincible épée, ô patrie éperdue !

Ils sont là ceux par qui tomba l'homme de Ham !
C'est devant Reichshoffen qu'on efface Wagram !
Marengo raturé, c'est Waterloo qui reste.
La page altière meurt sous la page funeste ;
Ce qui souille survit à ce qui rayonna ;
Et pour garder Forbach on supprime Iéna !
Mac-Mahon fait de loin pleuvoir une rafale
De feu, de fer, de plomb, sur l'arche triomphale,
Honte ! un drapeau tudesque étend sur nous ses plis,
Et regarde Sedan souf eter Austerlitz !
Où sont les Charentons, France ? ou sont les Bicêtres ?
Est-ce qu'ils ne vont pas se lever, les ancêtres,
Ces dompteurs de Brunswick, de Cobourg, de Bouillé,
Terribles, secouant leur vieux sabre rouillé,

Cherchant au ciel la grande aurore évanouie !
Est-ce que ce n'est pas une chose inouïe
Qu'il soient violemment de l'histoire chassés,
Eux qui se prodiguaient sans jamais dire : Assez !
Eux qui tinrent le pape et les rois, l'ombre noire
Et le passé, captifs et cernés dans leur gloire,
Eux qui de l'ancien monde avaient fait le blocus,
Eux les pères vainqueurs, par nous les ls vaincus !

Hélas ! ce dernier coup après tant de misères,
Et la paix incurable où saignent deux ulcères,
Et tout ces vains combats, Avron, Bourget, l'Haÿ !
Après Strasbourg brûlée, après Paris trahi !
La France n'est donc pas encore assez tuée ?

Si la Prusse, à l'orgueil sauvage habituée,
Voyant ses noirs drapeaux en és par l'aquilon,
Si la Prusse, tenant Paris sous son talon,
Nous eût crié : – Je veux que vos gloires s'enfuient.
Français, vous avez là deux restes qui m'ennuient,
Ce pilastre d'airain, cet arc de pierre ; il faut
M'en délivrer ; ici, dressez un échafaud,
Là, braquez des canons ; ce soin sera le vôtre.
Vous démolirez l'un, vous mitraillerez l'autre.

Je l'ordonne. – O fureur ! comme on eût dit : Souffrons !
Luttons ! c'est trop ! ceci passe tous les affronts !
Plutôt mourir cent fois ! nos morts seront nos fêtes !
Comme on eût dit : Jamais ! Jamais ! –

Et vous le faites !

Os dois troféus

Victor Hugo.

Tem visto, ó povo, esta época
Teus trabalhos sobre-humanos,
Viu-te altivo ante os tiranos
Calcar a Europa assombrada;
Criando tronos hercúleos,
Despedaçando áureos cetros,
Das coroas – vis espectros –
Mostraste o potente nada!

Em cada passo titânico
Semeavas mil ideias,
Marchavas: iam-se as peias
Que o torvo orbe prendiam;
Tuas falanges incólumes
Eram vagas do progresso:
Transbordadas de arremesso
De cimo a cimo s'erguiam!

Vias a deusa da glória
Cingir-te a fronte de louros;

Derramavam-se tesouros
De luz, por onde passavas!
E a Revolução flamívoma
Arremessava à Alemanha
Danton, a quem, sobre a Espanha,
Com Voltaire triunfavas!

Como ante os filhos da Helíade,
Curvou-se o mundo aos Franceses;
Soberbo em frente aos revezes,
O crime caiu-te às plantas!
As trevas da Idade Média,
A pira do Santo Ofício,
O inferno, o erro, e o vício,
Com um lampejo quebrantas!

De teus esplendores límpidos
Estava a terra juncada;
Fugia a noite assustada
Ao reboar de teus passos!
Enquanto a senda estelífera
Trilhavas, ébrio de crenças,
Da história as folhas imensas
Prendiam-te entre seus laços!...

Cem vezes pairando impávido
Nos campos que o sol descerra,
Curvaste a face da terra
A um teu aceno arrogante;
Do Tejo, do Elba a vitória
Ao Nilo, ao Ad'je corria,
E o povo titã jungia
O mesmo chefe gigante.

E os dois monumentos típicos
Daí surgiram um dia:
A coluna – ingente e fria,
O arco – poema ousado!
Ambos, ó povo, são símbolos!...
De teu poder infinito:
Um talhado de granito,
Outro de bronze amassado!...

São dois fantasmas terríficos
Dos passados esplendores;
D'outra idade vingadores
Se os vê, a Europa estremece!
Por eles velando túmido
Nosso amor, sempre sombrio,

Nas almas acende o brio
Quando o vigor lhe falece!

Se nos ultrajam estólidos
Ei-los aí, testemunhos,
Do valor de nossos punhos,
Nos acenando à vingança;
No metal, no altivo mármore,
Tentamos dos veteranos
Ver os sábios, livres planos,
À nobre perseverança.

Na hora da queda hórrida
Mais vivo o orgulho cintila,
Aumenta a palma que oscila
O refulgir dos troféus;
As almas no fogo vívido
Acendem a sacra chama,
E o povo em luta rebrama
No estrugir dos escarcéus!

Outrora a falange célere
Passava em pleno lampejo;
Como um cavo, longo arpejo

Rolava o trovão nos montes!
Desses peitos magnânimos
Que resta? O trabalho ingente
Que à mocidade indolente
Mostra os negros horizontes!

As raças de hoje, mais pálidas
Que os nados de outras eras,
Dessas virtudes austeras
Nem mesmo a imagem possuem!...
E se eles tremem nos túmulos,
É teu alvião que soa,
Tua bomba que reboa
Contra os portentos que aluem!...

*

* *

Horríveis dias são próximos,
Que sinais aterradores!
Clamam – basta! – os pensadores
Como Lear à procela!
Não pode morrer um século
Sem que um outro além desponte;
Do porvir – num germe insonte
Quem ousa manchar a tela?

Oh, vertigem! Paris fúlgida
Nem sabe quem mais a esmaga!
Se um poder que tudo estraga,
Se outro que tudo fulmina!...
Assim lá no Saara tórrido
Lutam contrárias tormentas,
Vibrando às ondas poentas
Do raio a chama divina!

Erram, ó povo, esses báratros!
O firmamento que freme,
O rijo solo que treme,
Conjuntamente censuro!
Esses poderes coléricos
Cuja sanha cresce ignara,
Um tem lei que o ampara,
Outro o direito e o futuro!...

Tem Versalhes – a paróquia,
Paris ostenta – a comuna;
Mas, além dessa coluna
Desata a França seu manto!
Quando devem verter lágrimas

É justo que se devorem,
Sem que a desdita deplorem,
Sem que vertam negro pranto?!...

Fratricidas! Gemem férvidos
Canhões, morteiros, metralha;
Além o vândalo espalha
Do inferno as fúrias revéis!
Aqui, campeia Carybde,
Lá, Sila avulta arrojado!
De teu fulgor ofuscado,
Ó povo, vão-se os lauréis!...

Ai! nestes tempos infaustos
Em que inglórios vivemos,
Dois fortes domínios vemos,
Estranhamente rivais!
Um toma o arco marmóreo,
Outro a pilastra imponente;
E o malho, e o obus fremente
Tornam-se forças fatais!

Mas, vede: é a França exânime
Que esses colossos sustentam!

Nosso valor representam
Embora aí Bonaparte!
Sim, Franceses, se frenéticos
Derribamos essa herança,
Que restará da provança?
Onde as honras do estandarte?!…

Se o Senhor condena indômito,
Mais forte o povo aparece;
Nobre a Esparta resplandece
Através do despotismo!
Abatei de um golpe a árvore,
Mas respeitai a floresta:
Quando chora a pátria mesta
Mais belo fulge o heroísmo!

E tantas almas intrépidas
Nas espirais balouçadas,
Enchem naus almirantadas,
Fossos, pauis e campinas;
Franqueiam muralhas sólidas,
Longas pontes, torres altas,
Saudando o porvir que assaltas
Com mil armas peregrinas.

Em vez de César grandíloquo,
Colocai, justiça, Roma;
Ver-se-á que vulto assoma
Nesse cimo sobranceiro!
Condensai nesta pirâmide
A turba infrene, compacta;
Que o direito a estátua abata
Do assombro do mundo inteiro!

E que este gigante estrênuo
O Povo, aclarando a estrada,
Tenha na mão uma espada,
De auroras cingido busto;
Respeito ao soldado o árbitro!...
A seus pés o ódio expira!
Do vingador da mentira
Nada iguala o talhe augusto!

Surge – Oitenta e Nove – atlético
Ganhando vinte batalhas!
Marselhesa, és tu que espalhas
Medo e assombro à velha idade!...
Se o granito aqui se ostenta,

O bronze avulta em rugidos,
E dos troféus reunidos
Salta um grito: – Liberdade!...

*
*   *

Quê! com nossas mãos alígeras
Da pátria o seio rasgamos,
E o duplo altar laceramos
Pelos Teutões invejado!?
Pois quê! nos padrões egrégios
A multidão delirante
Ceva a clava flamejante
Agita o facho abrasado!?

É aos nossos golpes válidos
Que a franca glória vacila;
Seus louros virgens mutila
Nossa massa ensanguentada!
E sempre a esfinge da Prússia!
Que horror! A quem foi vendida,
Ai! pobre pátria perdida,
Tua invencível espada?...

Sim! foi por ela que inânime

De Ham o nome caíra;
Ante a Reischoffen expira
De Wagram o grito ovante!
Riscado Marengo ínclito
Waterloo apenas resta…
E sob a folha funesta
Rasga-se a lenda brilhante!…

Uma bandeira teutônica
Enluta nosso horizonte;
Sedan enegrece a fronte
Que a Austerlitz deu renome!
Vergonha! A rajada frêmita
De Mac-Mahon que vibra;
Forbach a Iena equilibra
E o fogo as glórias consome!

Onde os Bicêtres, ó Gália?
Os Charentons denodados?
Dormem os grandes soldados
Em teu leito de Procustos.
De Coburgo, de Brunópolis,
Onde estão os vencedores
Com seus sabres vingadores,

Correndo areais adustos?!…
Rasgar da história uma página
Não é um crime inaudito?
Não será negro delito
Manchar vultos que tombaram?
Sufocar a voz dos mártires
Que nunca clamaram – basta –
E sempre de fronte casta
Papas e reis cativaram?

*

* *

Ai! Após tantas misérias
Mais este golpe cruento!
Este delírio sedento
Que na paz mesmo abre chagas!
E tantos combates trágicos!…
Com Estrasburgo queimada,
Com Paris atraiçoada,
Que valem hoje estas plagas?!…

Se da Prússia o orgulho frívolo.
Vendo o seu negro estandarte
Vencedor por toda a parte,
Com Paris às suas plantas,

Nos clamasse: "Quero rápida
A vossa glória obumbrada:
Abaixo a pilastra ousada
Com que aos orbes espantas!

Abaixo esse arco insigne
– Emblema do império falso! –
Quero aqui – um cadafalso,
Ali – obuses em linha;
Contra um – fogo mortífero,
Canhão, bombarda, escopeta;
Contra outro – a picareta!
Cumpri: a ordem é minha."

Que vulto erguera-se esquálido
Bradando às turbas "soframos"?!
Oh! nunca, à morte corramos!
Lutemos, que o insulto é novo!
Qu'importa mais cruas mágoas?
Qu'importa um revés de mais?
Curvar-nos? Jamais! Jamais!
E vós o fizestes, ó povo!...

grupo novo século | ns

@novoseculoeditora